基于信息共享的
航空物流服务供应链优化研究

朱 英◎著

中国水利水电出版社
www.waterpub.com.cn
·北京·

内 容 提 要

正如18世纪的港口，19世纪的铁路，20世纪的高速公路一样，航空港终将成为让城市经济再一次腾飞的翅膀，因此，航空物流将成为带动区经济发展的新引擎。

本书以航空港航空物流为研究对象，通过分析航空港发展现状，存在物流航空物流服务供应链信息共享率低，信息孤岛对接率低，多式联运效率低，运输体系碳排放量高等问题，提出航空港航空物流服务供应链优化方案。

本书结构清晰，论述严谨，语言精炼而又通俗易懂，是一本值得学习研究的著作。

图书在版编目(CIP)数据

基于信息共享的航空物流服务供应链优化研究/朱英著. —北京：中国水利水电出版社，2018.5（2025.6重印）

ISBN 978-7-5170-6512-8

Ⅰ.①基…　Ⅱ.①朱…　Ⅲ.①航空运输—货物运输—物流管理—供应链管理—研究　Ⅳ.①F560.84

中国版本图书馆CIP数据核字(2018)第120209号

书　名	基于信息共享的航空物流服务供应链优化研究 JIYU XINXI GONGXIANG DE HANGKONG WULIU FUWU GONGYINGLIAN YOUHUA YANJIU
作　者	朱　英　著
出版发行	中国水利水电出版社 (北京市海淀区玉渊潭南路1号D座 100038) 网址：www.waterpub.com.cn E-mail：sales@waterpub.com.cn 电话：(010)68367658(营销中心)
经　售	北京科水图书销售中心(零售) 电话：(010)88383994、63202643、68545874 全国各地新华书店和相关出版物销售网点
排　版	北京亚吉飞数码科技有限公司
印　刷	三河市元兴印务有限公司
规　格	170mm×240mm　16开本　11.75印张　211千字
版　次	2019年1月第1版　2025年6月第2次印刷
印　数	0001—3000册
定　价	48.00元

前　言

正如18世纪的港口，19世纪的铁路，20世纪的高速公路一样，航空港终将成为让城市经济再一次腾飞的翅膀，因此，航空物流将成为带动区域经济发展的新引擎。本书以航空港航空物流为研究对象，通过对航空港发展现状的分析发现，存在物流航空物流服务供应链信息共享率低、信息孤岛对接率低、多式联运效率低、运输体系碳排放量高等问题，提出航空港航空物流服务供应链优化方案，具体内容如下。

(1)航空港航空物流发展现状分析。通过对比分析国内外八大典型航空物流机场，找出制约航空港发展航空物流的瓶颈问题，如信息共享程度、质量、多式联运效率、低碳运输结构等。

(2)航空港建设与区域经济发展关系研究。运用系统动力学方法，通过分析变量、绘制因果关系图，分析航空港建设与区域经济发展的关系，并以郑州航空港为例进行实证分析。实证分析结果表明航空港的建设和发展对于中原经济区内农业、工业的影响是不太显著的，但它却在很大程度上促进了中原经济区服务业的发展，使得三大产业齐头并进，因此也带来了区域内产业结构大调整——工业、农业在经济中的比重有所下降，而服务业所占比重不断上升。根据以上结果分析，基于系统动力学的航空港建设和区域经济发展关系分析模型与实际相符，进一步验证了该模型的可靠性。

(3)分析航空港物流基础设施资源配置状况。构建基于系统聚类法的物流资源配置状况分析模型，以郑州航空港物流为例，展开实证分析，发现郑州无论是在基础设施的数量还是在对资源的配置和利用上都较为合理。以重点物流企业数量、人均公路货运量、单位公路里程货运量、宏观物流成本占GDP的比值和物流增加值占GDP的比值为指标，对区域物流业的现状进行聚类分析，将本区域主要的18个城市分为三类，并以每一类的平均值反映该区域物流的整体水平，其中郑州的物流业最好，物流基础设施配置也较为合理，为进一步优化航空港航空物流服务供应链打下了基础。因此，分析结果与实际相符，说明运用系统聚类法分析物流资源配置状况是可行的。

(4)航空物流服务供应链信息共享途径，提出各节点企业通过物流公共信息平台实现信息共享。利用定性和定量相结合的方法分析航空港信息共享的现状，指出航空港物流信息共享的不足之处，并说明了由于信息共享不足导致的严重后果。经过系统地分析得出航空港信息共享水平低的原因主要有两个，第一是由于航空港信息平台建设不完善，增加了航空物流企业进行信息共享的难度；第二是航空港的某些航空物流企业信息共享意愿不强，其原因主要包括利润增长无法保证、投入技术成本太高、信息安全无法保障三个方面。因此，提出通过航空港航空物流服务供应链各节点企业与物流公共信息平台对接实现信息共享形成一个双赢局面。既充分利用共享的资源，又节约了整体运作成本。同时设计相应的信息共享机制把不同部门和地区，甚至是不同国家的信息"孤岛"连起来，实现信息共享，消除信息孤岛。

(5)基于信息共享的航空物流服务供应链激励机制的研究。信息共享激励机制是供应链协调的一种重要手段，以航空公司—货代企业—客户组成的二级航空物流服务供应链为研究对象，货代企业拥有市场需求的私人信息，在运输价格弹性需求和市场需求信息不对称情况下，研究航空物流服务供应商激励机制的设计问题。在运输价格弹性需求和市场需求信息不对称情况下，利用 Stackelberg 博弈模型对航空公司和货代企业在信息共享前后的利润进行对比分析，运用航空公司的线性信息支付系数(表现为航空公司的支付奖励)设计航空物流服务供应链信息共享激励机制，并进行数值仿真分析。其结果表明对称信息下的两者利润均大于非对称信息下的利润，航空公司主导的协调策略，使得货代企业的最优策略是共享其私有的市场需求信息，最终达到预期的协调目标。

(6)基于信息共享的航空物流服务供应链利润分配方法研究。供应链成员信息共享能增加供应链的整体利润，利润分配机制直接影响各成员信息共享的程度与质量，构建利润分配机制的核心问题是利润分配的公平性与合理性，不同利润分配方法从不同角度构建分配机制，结果可能不一致。因此，以物流服务供应链为研究对象，分别采用投入大小、贡献大小和 Nash 模型三种方法构建利润分配机制，并利用 TOPSIS 法对以上三种方法进行调整，形成更加合理的利润分配机制。该研究结果表明，当三者选择共享信息时，无论哪一种分配方法得到的利润总比信息不共享或任意两家合作得到的利润要多。不管采用哪种利润分配方法，当供应链各成员企业的努力都对产出有影响时，两者信息共享时收益必须要分享才可以激发双方的合作积极性。但对于供应链系统总收益最大化及公平性、合理性而言，综合利润协商法优于其他分配方法。

(7)基于多式联运的航空物流服务供应链优化。首先，分析航空港多式联运发展现状，找出航空港发展多式联运存在的问题，如运输效率低、技术设备不标准、信息共享度差等，从两个方面分析了制约航空港多式联运发展的因素，可控因素根据调查的资料及掌握的方法，对时间和费用两个可控因素进行分析；不可控因素包括技术设备、信息共享、管理机制等。提出采用动态规划方法优化多式联运的运输路径，以达到降低费用，缩短运输时间的效果，使时间和费用这两个相互冲突的概念可以得到最大化的平衡，提高运输效率。采用“卡车航班”，对地面衔接形式的优化，实现航空港多式联运货运的零换乘，提高航空港航空物流多式联运的效率。其次，在能源、环境的限制下，多式联运推进低碳运输将是物流创新点之一。在资金、能源限制的条件下，根据货物周转量，对5种运输方式相互联合的货物运输结构进行优化能达到节能减耗的目的，调整运输结构可以为企业带来环境效益，从而提高航空物流服务供应链的整体绩效，进而促进航空港航空物流的发展，提高航空港物流产业的竞争力，带动整个航空港的发展。

本书所得结论和探索仅供航空港发展航空物流时参考，希望能对航空港航空物流服务供应链发展尽绵薄之力。因时间仓促，书中难免存在不足和错误之处，需要进一步深化和完善，敬请读者批评指正。

作　者

2018年3月16日

目　录

第1章 绪　论

1.1 研究背景

1.1.1 政府越来越重视航空港的发展

21世纪是一个经济飞速发展的时代，临空经济出现了较强的发展势头，各国综合国力的竞争在很大程度上已经转变成临空经济的竞争，在这样的一个国际背景下，各级政府越来越重视航空经济的发展。

(1)在国家层面。2009年国家为应对国际金融危机在国务院常务会议中将物流行业称为十大振兴产业之一；2012年11月国务院正式批复《中原经济区规划(2012—2020年)》，同意规划建设郑州航空港经济综合实验区，以振兴中原经济发展。该规划明确了中原经济区的"五个定位"，其中明确指出，将中原经济区建设成全国区域协调发展的战略支点和重要的现代综合交通枢纽。提出要充分发挥中原经济区承东启西、连南贯北的区位优势，加速生产要素集聚，强化东部地区产业转移、西部地区资源输出和南北区域交流合作的战略通道功能；加快现代综合交通体系建设，促进现代物流业发展，成为全国重要的现代综合交通枢纽和物流中心。

(2)在地方政府层面。2012年，我国"千万级机场俱乐部"成员保持21家，成都双流国际机场是中国中西部唯一进入"3000万级机场俱乐部"的机场。在国内各机场中，北京、上海和广州三大城市的机场货运量占全部机场货运量的53.5%；中部各省都确立了大力发展航空港区的基本思路。据公开资料显示，截至2012年底，共有27个省(区、市)的51个城市先后提出54个航空经济区的规划与设想。2010年10月，郑州新郑综合保税区经国务院批准后设立，成为中国的第13个综合保税区，也是中部地区的第一个综合保税区。河南省政府办公厅出台很多支持航空港发展的优惠政策，例如2013年起，航空港享有包括"3年内地方收入全留"在内的33条财政激励政策，大力促进航空港发展。2013年12月18日郑州市下发《郑州航空港经济综合实验区与省直部门建立直通车制度相关服务工作》,公布了用地直批、政策直享等81条优惠政策,为航空港经济的腾飞插上了一双有力的“翅膀”。2013年3月又批复《郑州航空经济综合实验区发展规划(2013—2025年)》,提出郑州航空经济综合实验区的战略定位为国际航空物流中心、以航空经济为引领的现代产业基地、内陆地区对外开放重要门户、现代航空都市、中原经济区核心增长极。2016年2月18日,省委领导在航空港调研时明确指出,航空港可以说是实现中原崛起、河南振兴、富民强省,乃至全面建成小康社会、加快现代化建设的战略突破口[1]。

物流也已成为衡量一个国家或地区经济发展水平和综合国力的重要标志。伴随着全球经济的不断发展,作为服务配套设施的物流业不断壮大,为制造业提供了完善的基础设施支持和不断提升的高质量服务,而物流也已成为衡量一个国家或地区经济发展水平和综合国力的重要标志[1]。正如18世纪之港口于经济、19世纪之铁路于经济、20世纪之高速公路于经济一样,21世纪的机场为城市经济和社会的发展又注入了新的活力。当今社会,机场早已不再是单一的仅仅具有客运、货运的功能,其对各种与航空运输关联的行业的吸引力,使得其逐渐成为各国、各区域经济发展的重要推动力量。

1.1.2 经济发展对运输需求越来越大

在经济全球化趋势下,近几年中国对外经济贸易额近几年持续增加,随着我国经济政策的调整,2015年和2016年经济发展有所减缓,具体如图1-1所示。另外,国内生产总值2011—2016年也呈现出持续增长的态势,增长了52.1%,具体情况如图1-2所示。因此,良好的经济发展态势对物流行业有着越来越高的要求。

1.1.3 航空物流发展态势良好

2017年我国民航旅客吞吐量超过千万级的机场达到了32个,其中超过3000万级的机场达到10个。3000万级以上的三大机场群完成的旅客吞吐量占到了全国总量的47%,货邮吞吐量占全国的75%,其中北京首都机场旅客吞吐量已经超过了9500万人次,连续7年位居全球第二;上海浦东、虹桥两个机场旅客吞吐量超过1亿多人次,浦东机场年货邮吞吐量连续9年位居世界第三;香港机场货邮吞吐量稳居全球第一,澳门也是增长迅速,这三个地区已经具备了世界级城市群和机场群的基本形态[2]。

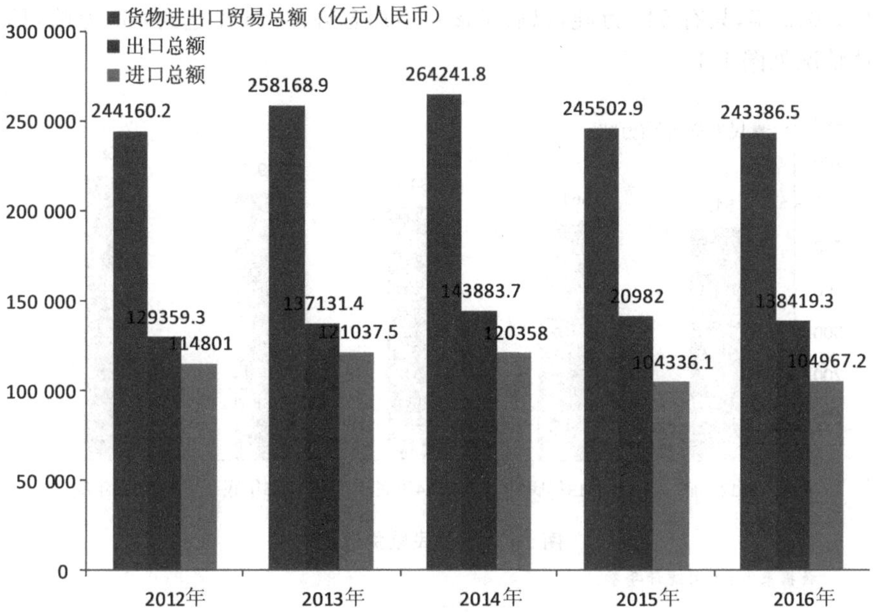

图 1-1 中国对外经济贸易额

数据来源：中国统计年鉴

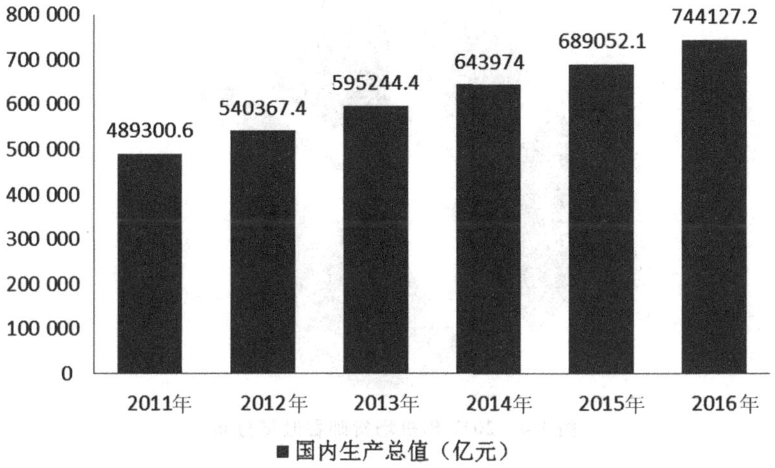

图 1-2 国内生产总值

数据来源：中国统计年鉴

截至2016年底，我国共有颁证运输机场218个，比2015年增加8个[3]。航空物流产业集群编制完成了物流产业发展规划，物流发展态势良好，2012 年，只有 545 万吨，以后呈逐年增加态势，2016 年达到 668 万吨，具体情况见图 1-3。

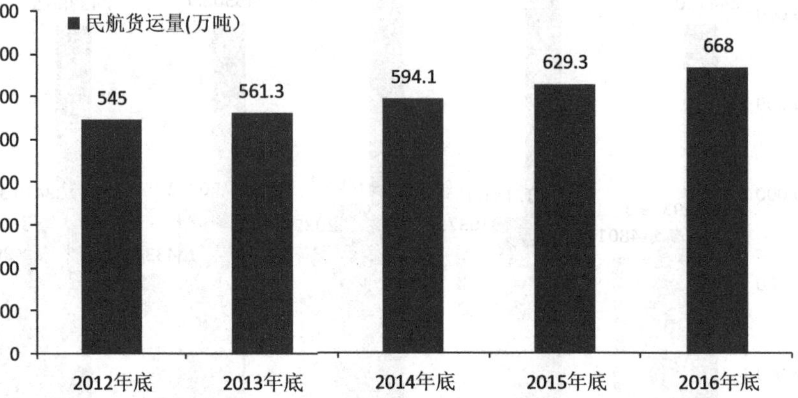

图 1-3　中国民航货运量

数据来源：中国统计年鉴

2017 年机场货邮吞吐量的主力还是华东和中部地区，占 41.2%。中东部地区是经济发展的引擎，具体分布如图 1-4 所示。

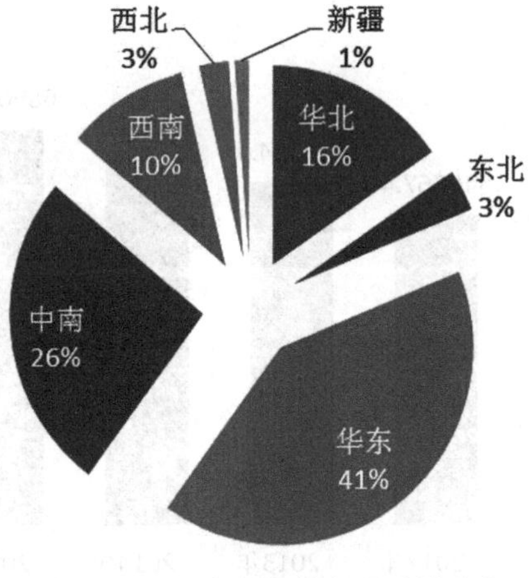

图 1-4　2017 年机场货邮吞吐量分布

2013—2016 年全国货物周转量呈现出持续增长的态势，从 2013 年 170.3 亿吨公里增加到 2016 年的 222.45 亿吨公里，增长了 30.6%，定期航班航线里程也是逐年增加，全国从事航空运输业的人员，具体如图 1-5、图 1-6、图 1-7 所示。

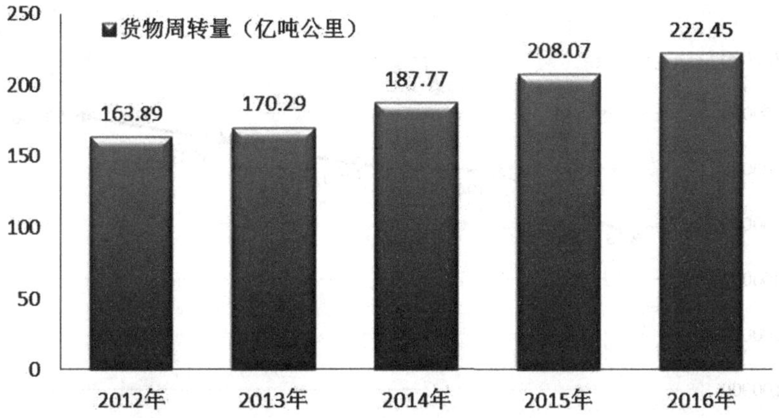

图 1-5 全国货物周转量

数据来源：中国统计年鉴

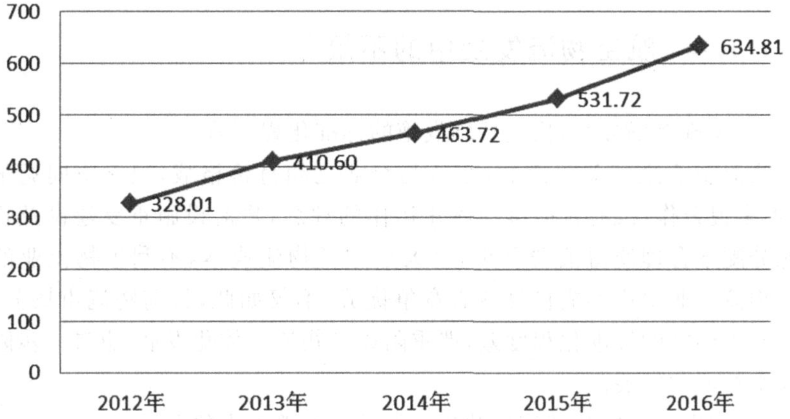

图 1-6 定期航班航线里程

数据来源：中国统计年鉴

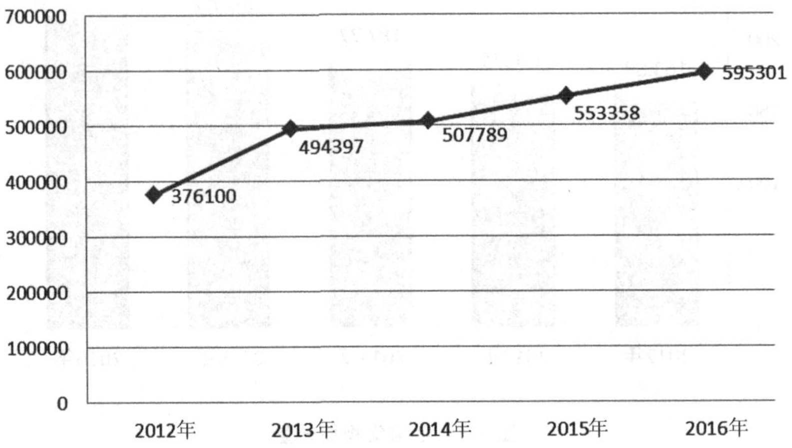

图 1-7　全国从事航空运输业的人员

数据来源：中国统计年鉴

1.1.4　航空物流发展中的不足

(1)物流市场分割，物流基础设施的标准化程度差。

物流企业之间竞争激烈，企业与企业之间打价格战，缺乏协同竞争意识，不重视合作，没有供应链一体化运作的理念，物流设施重复建设及物流资源分配不合理使得浪费严重，大大增加了物流成本，不利于物流业的发展。物流企业很难形成自身核心竞争优势，不仅如此，目前物流市场分割，物流基础设施的标准化程度差，严重阻碍了物流一体化发展，也进一步阻碍了航空物流的发展。

(2)航空物流服务链信息共享率低且信息孤岛现象严重。

目前航空物流服务供应链各节点企业都是用各自的物流信息系统，企业之间是相互独立的，各个企业的物流信息并没有共享到一个统一的物流公共信息平台(以下简称“信息平台”)当中，就像一个个信息孤岛，这样大大降低了整个航空物流服务链的反应时间和工作效率。若要改变这一现状，提升物流效率，就必须将相关企业的信息整合到一个公共的物流信息平台，把一个个信息孤岛联系在一起，实现真正意义上的信息共享，那么如何让企业自愿与公共信息平台对接，分享自己掌握的信息呢？这就需要通过信息共享机制来实现。

(3)服务供应链多式联运效率低。

多式联运是物流产业发展的一个重要方向,要将空运作为多式联运的主体,与目前相对成熟的以海运为中心的多式联运既有相同之处,也有空运的特殊之处。没有完善的管理部门与制度,缺乏统一的管理体系,导致海、铁、陆、空多式联运还不能完全实现无缝连接,没有发挥共享“一带一路”经济枢纽及欧洲班列停靠点货源集疏优势,运作过程中效率没有达到最优,在运输费用与运输时间相互矛盾的情况下,没有使其达到很好的平衡,运输效率低。

(4)低碳运输模式有待加强。

全球变暖问题越来越被人们重视,迫切需要降低物流运输环节的碳排放量。传统运输正在向低碳运输转变,但是这个过程并不尽如人意。传统运输是以高能耗、高污染为代价获取流通环节的利润的,我国物流业的发展还不成熟,运输功能还没有充分发挥作用,传统运输已不能满足社会发展之需,再加上传统运输本身的缺陷:运输效率低、经济效益差、能源消耗大、环境效益差,这已经成为阻碍物流行业发展的重要原因,并且货运量近几年的迅速增长是我国成品油消费的主要领域,其中,公路、水运、铁运、航空各占能耗约分别为67%、15%、11%、6%。“十二五”规划中以推广“低碳技术”、以降低单位国内生产总值的二氧化碳排放量为主要思想和目标,对构建综合交通运输体系做了一定的构思及构建,其中,试图建立以推进能源生产和变革方式为目的的“低碳产品标准”及“低碳认证制度”,并且,以建立温室气体排放的核算制度来促进碳排放交易市场的低碳性,从而推进低碳模式的运行。就运输行业而言,低碳运输也将是未来的发展趋势。

各种运输方式的优点的组合将对整治运输业的碳排放量将有重要作用。近十年来,全球碳排放量增加了13%,仅交通工具带来的碳排放量就占了1/5。其间,日本曾经调查研究了运输行业各种运输方式的二氧化碳排放比例,各种运输方式中的二氧化碳所占运输工具总的二氧化碳排放比例显示如下:货车占31%、小轿车占52%、航空占3%、航运占6%、铁路占3%、其他占5%。从这项调查统计的数据中可以得到如下结论:在这些运输方式中,碳排放量占比最大与最小的运输方式分别为小轿车和铁路。由此可见,这些运输方式在节能减排上各有优势,假设能有一种方法能综合这些运输方式的优点从而以此为切入点推动传统运输与低碳运输的转变将对物流业的发展具有重要意义。所以各种运输方式的优点的组合将对整治运输业的碳排放量有重要作用。在不得不思考如何能做到生态与经济和谐发展时,多式联运恰以节能减排、成本节约的优势出现在了社会经济发展中,从生态环境角度考虑,许多学者也都已意识到多式联运的发展是迫切的。

据相关学者推算，我国的交通运输需求总量增长极快，很可能在未来10～20年里增长2～3倍。交通运输高能耗、高排放的畸形发展将使CO_2的排放量在2035年达到20亿吨。全球贸易导致货物运输需求增多，运输消费也增多，运输耗能自然就增加了，而碳排放量也会随之增加。为适应经济发展的结构调整，物流企业低碳运输必会占领物流运输很大的消费比重。对于物流企业而言，低运输成本、高生态意识是树立企业形象的优良途径。在企业竞争日益激烈的环境下，物流企业面临着多重改革使命，生态环境保护和经济社会双赢已成为企业在市场立足的根本。

1.2 研究意义

在理论层面，通过提出航空物流服务供应链各节点企业对接物流公共信息平台实现信息共享，构建信息共享中各利益主体间博弈模型，诠释各利益主体的职责、作用和机理，构建激励机制及利益分配机制，提高信息共享的质量和供应链的稳定性，为航空港项目乃至各类基础性项目的建设提供参考。

在实践层面，航空物流服务供应链各节点企业之间若能实现信息共享，可以提高整个航空物流服务链的效率和效益。有助于推动多式联运低碳运输，通过资源整合降低物流运输成本，为企业及物流行业降低成本，创造更大的利润空间。

1.3 国内外研究现状

1.3.1 国外研究现状

目前，国外学者采用不同的方法对物流服务供应链优化进行了较为深入的研究。

(1)对物流设施资源配置的研究。研究的热点集中在车辆的配备及路径选择问题、配送中心及仓库的选址等物流网络构建问题。Goh. M等人[4](2000)对柬埔寨、老挝、缅甸和越南地区物流现状进行研究，发现该地区物流基础设施非常落后，不充足的运输网络和不完善的基本物料处理设施是主要问题。Bookbinder J H[5](2003)比较了亚洲与欧洲的物流体系，将其物流体系完善并划分级别，分析亚洲与欧洲物流运输的大环境，提出世界级的物流体系的一系列指标，通过聚类分析将亚洲与欧洲的物流体系客观地划分为三个等级，结果发现丹麦与新加坡的物流体系是最完善的。Beasley J E[6](2003)以效率为主要考虑的准则提出基于DEA模型来确定资源分配和目标设定方案。Pachkova E V[7](2009)以最小化成本为目标，将转移成本引入资源分配中，价格矩阵也被用来进行分配资源。

(2)对信息共享激励机制的研究。主要集中在以下游企业拥有的私有信息作为系统的非对称信息的研究，如销售成本信息、价格信息、市场需求信息等。Zhao等人[8](2007)考虑了由单个制造商和零售商组成的供应链模型，并分析了5种情况对信息共享方案的影响。Shen等[9](2012)认为，将零售商成本信息作为私有信息，由批发和回购价格组成的奖励兼容合同可以协调任何零售成本渠道，在考虑渠道协调和不考虑渠道协调两种情况下，最大化制造商期望利润的回购契约设计问题。Li[10](1985)对古诺环境下的信息共享做了研究，并分析了有关公司特有参数下的激励问题。Li[11](2002)研究了由一个制造商和多个零售商构成的二级供应链的信息共享激励机制问题，并指出了信息共享的直接和间接效应抑制了零售商的信息共享。Kong G[12](2013)和Babic等人[13](2012)设计了供应商激励契约，该契约能够实现供应商和零售商之间利润的任意分配，且供应商最优解几乎接近于系统最优解，信息租几乎为零。Wang X H[14](2014)分析了两级供应链中信息不对称环境下期望信息租与已获得的供应链利润的关系，通过引入R-S-K谈判讨论在三种不同情况下的分配规则实施方案，承诺合同可以实现真实信息披露和合理分配盈余利润。Zelbst等人[15](2010)构建了将RFID技术和信息共享作为因变量，指出RFID技术可以促进供应链成员的有效信息共享。Shang[16](2016)研究了生产费用非线性情况下两个竞争的制造商和一个零售商组成的供应链系统。

(3)供应链信息共享利益分配机制的研究。Houghtalen L等人[17](2011)提出了一种基于能力交换价格的利润或成本分配机制，并分析用两种方法来模拟价格对每个运营商行为的影响。Huang M P等人[18](2006)引入一个虚拟第三方作为两级供应链中利润分配的主体，运用委托代理理论解决供应链中信息不对称的双向激励和利润分配问题。当作为供应链的虚拟第三方采用双重激励时供应商和零售商才能获得预期收益，并依据纳什议价解得到供应链收益的合理分配，最终得到供应链利润的帕累托最优。Wang X H[19](2014)分析了两级供应链中信息不对称环境下期望信息租与已获得的供应链利润的关系，通过引入R-S-K谈判讨论在三种不同情况下的分配规则实施方案，承诺合同可以实现真实信息披露和合理分配盈余利润。通过上述内容分析可知，供应链中的多主体逐渐倾向于协同合作创新或研发以实现总利益的优化，越来越多的研究也开始关注于主体间的博弈行为与契约设计利益分配方法，而这一研究多集中在制造业领域。目前，借鉴制造业领域收益共享契约的研究，又随着对物流服务供应链认知的逐渐清晰，物流服务领域对利益共享、供应链的协调等问题也越来越重视。Krajewska M 等人[20]（2008）、Liu X L[21]（2013）、Ma S[22]（2006）、Li G X[23]（2013）、Bartholdi J J[24]（2005）、刘伟华[25]（2007）运用 Shapley 值解决物流服务供应链中各成员协同后的盈余利润分配问题，并进行实证分析。

（4）多式联运方面的研究。Reeherml D H[26]（1968）认为货物的装运和配送是航空货运的重要过程，大约有 80%的时间消耗在了地面，因此地面运输系统优化很重要。Kasarda J[27]（2006）提出空港大都市需要规模较大的基础设施规划，将来战略性的基础设施规划可以减少这种拥挤，提高空港转运效率。Lozano A[28]（2001）采用顺序算法来解决多式联运运输网络上最短路径问题，用户根据自己对货物运行时间和费用的要求，选择在多式联运中的最佳路径。Gräbener T[29]（2010）建立基于时间的城市交通多目标最优路径模型，运用改进的 Martins 算法求得多式联运最短路径，并通过算例分析算法的可行性。Ziliaskopoulos A[30]（2000）和刘杰等人[31]（2011）通过建立在时间条件约束下的多式联运网络路径优化，提出了基于节点运输方式备选集的多式联运动态优化模型。Hao C[32]（2016）和彭睿[33]（2015）主要研究集装箱多式联运，运用动态规划算法获得最佳的组合策略的运输方式。Cho J H[34]（2012）运用动态规划法来解决多式联运路径优化问题。Lizbetin J[35]（2015）从多式联运节点位置以及节点的技术操作两个方面对多式联运网络节点进行优化，从而使多式联运效率更高。Macharis C 等人[36]（2004）在研究中指出，货物多式联运的出现为现代物流的发展带来新的活力，它将推动物流研究领域朝着一个新方向发展，多式联运本身含义就是综合、协调利用 5 种运输方式，这比单一的运输方式要复杂很多。Mckinnon A C[37]（1996）认为当时英国的这项工作存在很大的改进空间，为此，他提出了关于碳排放范围的测定、运输与交通部门在业务上的沟通协作、统计计量手段的更新、运输信息数据系统及相关软件的使用等方面的综合改进。Bauer J[38]（2010）利用数学工具——线性整数规划，构建了以时间、碳排放、路径、运输容量等多个约束条件限制的多式联运模型，以此最大限度地解决运输带来的污染及温室效应等问题，并且，他也根据当时的公路运输数据检验了该模型的结果。Janic M[39]（2011）以一个大型机场的对接转运为研究对象，用量化分析的方法，试图对该飞机场对接多式联运节点对环境的影响做分析，并衡量高铁与航空这两种运输方式的优缺点，使两种运输方式并用起到互补的效果。航空与高铁运输方式的联合对实际应用多式联运具有重要的借鉴价值。Goel A[40]（2010）根据绿色物流的要求，设置了碳排放、能源利用的指标，并根据该指标及时间最短、路线最优为运输目标，建立了一个寻找适合低碳运输顺利发展的多式联运模型。

1.3.2 国内研究现状

国内学者对物流服务供应链信息优化的研究起步较晚，但近几年研究内容及方法比较深入。

(1)对物流设施资源配置的研究。其主要集中在交通运输资源方面，不仅仅局限于物流设施上。姜大立[41](2003)在西部物流资源的优化配置研究中提出了西部物流资源优化配置的思路，研究了促进西部物流资源配置的重点措施。李志军[42](2011)从中国农村基础设施建设的现状出发，结合农村基础设施实地调查，从建制镇、乡、村庄三个尺度对全国省域农村基础设施配置建设情况进行对比分析，综合评价了中国农村基础设施配置水平，在借鉴国外农村基础设施建设经验和做法的基础上，采用层次分析法以建制镇、乡、村三个尺度综合评价中国省域农村基础设施配置水平，分析省域农村基础设施建设的空间分异特征。唐晓旺[43](2013)在分析中原经济区综合交通运输体系建设所取得成就的基础上指出，综合交通运输网络不完善、运输通道结构不合理、交通枢纽建设不能满足经济发展需求、各种交通运输方式衔接不畅是当前存在的突出问题。提出构建综合交通运输体系的对策：加强综合交通运输通道建设、大力建设综合交通枢纽、加快重要节点集疏运体系建设、优化综合交通运输网络、推进综合交通运输体系信息系统建设、推进综合运输服务一体化。梁广华[44](2014)对中原经济区物流发展的差异研究，依据人均货运量、人均公路线路里程、每万人物流业从业人数三个影响物流业发展水平的因素对 2010 年中原经济区各市物流业发展进行聚类分析，其结果表明，中原经济区物流业发展水平与区域经济、社会发展水 平基本一致，区域差异较为明显，但并未表现出由物流设施资源配置所带来的差异。鲜晓花[45](2012)对我国交通运输资源利用现状的统计分析，对我国交通运输资源的发展现状和资源利用的弊端进行了深入分析，提出了改善交通运输资源利用状况的思路。

(2)关于航空港物流的研究。周杨[46](2014)通过对国际领先机场航空物流的运作特点的具体分析，对郑州航空物流的发展提出建设性的意见。贺卫华[47](2014)提出加快物流信息网络化建设，完善物流基础设施建设等推进航空港发展。田振中[48](2014)提出加快推进电子口岸建设，完善航空物流信息化平台。赵旺[49](2015)通过对信息服务可视化的研究，论证了信息服务可视化的必要性。司海涛[50](2016)提出建设航空物流园区、航空物流枢纽、引进基地航空公司等。苏玉峰[51](2016)提出采取差异化发展战略、完善航空物流增值服务、航空货运企业加快向上下游延伸服务等。

(3)关于物流公共信息平台的研究。杜瑾珺[52](2014)提出了构建基于机场的航空物流综合信息平台的体系结构。陈丙成[53](2015)从航空货运服务链的角度出发,提出建立信息共享的平台、优化内部流程等解决方案和建议。杨南熙等人[54](2015)提出可持续视角的区域物流公共信息平台运营模式。石学刚等人[55](2016)提出将第四方物流运作模式和第四方物流信息平台引入航空物流服务供应链。

(4)信息共享激励机制的研究。聂佳佳[56](2012)认为信息分享补偿机制可以激励零售商自愿分享其私有信息。王文宾[57](2017)在双重信息不对称下,构建了委托代理框架下闭环供应链的激励机制模型,引导回收商努力回收废旧电子产品的问题,分析、讨论了各相关因素对努力程度的影响。郎艳怀[58](2012)在价格弹性需求下,构建两级供应链的激励机制,非对称信息下激励机制的系统总收益大于对称信息时系统总收益,但是小于集中控制时系统总收益。供应链激励机制的设计能够改善供应链的整体绩效和供需双方的收益,但系统效率只能达到具有帕累托改善的次优结果。吴浩[59](2013)探索信任机制在班轮运输市场舱位分配决策过程的优化作用,以班轮运输公司和货代为研究对象,采用信任更新方程来促进双方共享需求预测信息,并运用动态规划进行多阶段决策优化建模,降低了牛鞭效应,实现收益水平提升。

(5)博弈论应用的研究。肖美丹[60](2016)构建了考虑额外服务和渠道地位因素的供应链信息共享模型,比较三种信息共享方式下供应链各成员的收益值,分析了额外服务和渠道地位因素对供应链均衡策略的影响。但斌[61](2012)建立了销地批发市场运营商与批发商之间的主从博弈模型,在批发商完全隐藏、部分隐藏和共享采购价格信息三种情形下,批发商共享采购价格信息,不但提高了批发市场运营商的期望利润,更有助于稳定生鲜农产品的供给,平抑生鲜农产品价格波动。李波等[62](2015)利用 Stackelberg 主从博弈模型建模,分析了市场预测信息和增值服务成本信息同时共享或非共享时,对制造商和零售商定价和利润的影响,发现信息共享总能使制造商获益,并给出了零售商自愿共享两种私有信息的条件。林略[63](2012)在考虑损耗和新鲜度的影响下,通过引入库存因子,研究了鲜活农产品三级供应链收益共享契约协调机制,认为收益共享契约能有效协调三级鲜活农产品供应链,契约参数在一定范围内可实现三方共赢,且最优期望利润随着需求价格弹性的增加而减少。以收益共享契约作为供应链协调手段。林强[64](2011)、庞庆华等人[65](2012)设计了供应商激励契约，该契约能够实现供应商和零售商之间利润的任意分配，且供应商最优解几乎接近于系统最优解，信息租几乎为零。楼高翔等人[66](2012)和杨磊[67]在允许排放权交易且消费者低碳偏好信息不对称情景下，设计制造商投资减排技术的供应链激励机制，认为制造商的最优减排水平与消费者低碳偏好正相关。

(6)供应链信息共享利益分配机制的研究。蒋梦莉等人[68](2011)提出完善信息共享约束机制、激励机制等，保证收益分配的公平化。刘晔明等人[69](2011)从博弈论的角度分析了在食品产业绿色供应链管理模式内，成员之间采用信息共享机制的必要性。卢亚丽[70](2012)提出信息共享对于制造商而言总是有利的，但信息共享的前提是零售商的利润能够得到改善。吴浩[71](2013)探索了信任机制在班轮运输市场舱位分配决策过程中的优化作用。鲍婷婷等人[72](2013)在浙江省国家交通运输物流公共信息共享平台共建共享长效机制研究中提出会员共享机制、宣传推广机制等。刘翠翠等人[73](2014)从激励机制方面为区域物流公共信息平台的共享与共建提供一定的参考。张晓凤[74](2014)构建了基于信息共享的利润共享契约的F公司的B2B在线旅游商业模式。甘家华[75](2015)提出了物流任务分解和以成员企业物流服务质量为导向的收益分配思路，综合考虑各成员企业的投资、货损货差以及机会成本等因素。Ding H P等人[76](2011)运用合作博弈模型和三维图模型描述利润分配合作方案。肖群等人[77](2016)通过引入纳什讨价还价模型建立利润划拨机制，利润划分只取决于各参与方的议价能力，与各参与方对通信系统投资大小无关。陈洪转等人[78](2014)构建了Nash均衡和Stackelberg均衡两种结构下的激励模式，并给出该激励模式下主制造商分摊供应商研制成本的最优比例、最优努力水平和最优收益。时茜茜[80](2017)以重大工程中承包商与供应商协同合作问题为研究对象，考虑决策主体的决策环境、决策顺序和决策目的的不同，分别构建分散决策和集中决策两种协同合作动态博弈模型，并分析给出不同模式下的最优利益分配机制、最优努力程度和供应链系统最优收益。

(7)多式联运方面的研究。胡辉等人[81](2017)从经济、社会、环境等三个层面构建多式联运环境中的物流运输路径评价指标体系。彭睿[82](2015)对集装箱铁水联运进行研究，从具体业务运行层面出发，对整个业务流程进行梳理，找到导致集装箱铁水联运无缝衔接的主要问题，并通过对问题产生的原因进行分析研究，给出解决问题的思路和方法。陈军等人[83](2013)提出了关于机场多式联运的国际经验，通过对阿姆斯特丹史基浦机场和德国法兰克福机场多式联运发展现状及经验的介绍，为我国多式联运发展建设提供依据。郭军峰[84](2015)、周勇等人[85](2012)认为多式联运是物流发展的重要策略,让多式联运的优势得到充分发挥与显现,且标准化是提高多式联运运作效率的重要因素。张瑞华[86](2015)通过分析多式联运为我们带来便利,提出如何能够让多式联运的优势在航空港得到充分发挥与显现的问题,利用发展多式联运的有利条件,列出发展多式联运遇到的问题,并提出解决对策。张煜等人[87](2016)运用图论和公铁水中转节点的网络拓扑结构,将现实中的公铁水多式联运决策问题转化为动态最小费用流问题,设计了基于动态最小费用流的启发式算法,用于解决公铁水路径选择和运量分配决策。谢雪梅等人[88](2017)在实现物流成本最低和满足时间约束的条件下,引用多式联运理论,构建带有时间窗的整车物流多式联运0—1整数规划模型,对整车多式联运线路优化。丁晓萍[89](2011)依据影响综合运输能源消耗的因素如社会经济发展水平、运输周转量、综合运输结构等建立了相关模型,模型主要设置了3种情景分别为:高增长情景、中增长情景、低增长情景,根据GDP和货物周转量建立线性回归模型,然后根据每种情境下的综合货运量讨论各种运输结构下的能源消耗总量,继而确定最有利于节能的综合运输结构。该模型用实践验证陕西省的运输服务在长期内会实现运输质量饱和、越来越明显的综合运输结构与能源强度等,并且以陕西省为例说明了铁路运输增速快于航空运输增速更利于节能。刘杰[90](2011)采用节点拆分等方式处理多式联运网络中的中转接点,提出了运输中转备选集。以时间、运输方式、运力及中转能力为出发点,在备选集中寻找多式联运路径优化模型的最优解,最终从成本、运输质量、路径优化程度对该模型的结果进行评价。吕凯[91](2008)围绕运输网络、多目标规划等多式联运优化问题,设置多种运输方式之间的组合优化与内部优化的条件,以"图论"等相关理论为理论基础,考虑中转成本而建立的一种时间约束、特殊货物约束、成本约束等多种约束条件下的最佳多式联运组合方式,进而达到总运输成本最低的目的。

(8)多式联运低碳方面的研究。朱培培等人[92](2011)从物流环节角度出发,将原材料低碳采集—产品低碳生产—低碳消费—低碳回收—低碳再生产的闭环循环低碳物流模式作为低碳物流发展的理论支持,强调低碳经济是循环经济发展的必要发展内容。黄霏茜等人[93](2012)基于低碳经济的发展要求及趋势,对集装箱在业务流程综合使用海铁联运所带来的经济效益进行了论述,论证了海铁联运能直接带来环境效益并通过节约碳税而间接获取经济效益,从而最终为社会经济的发展带来效益。来逢波[94](2012)分析了现存运输体系的诸多现存问题,主张构建多样化、节能减排、高效的运输模式。此外,他还针对我国现有物流发展状况,提出了政府—交通运输企业—社会公众的三方互动治理模式。陈帅等人[95]（2008）针对我国交通运输业的土地占用及能源损耗情况，提出我国交通运输业中存在的问题主要是没能将公路运输与铁路运输统筹兼顾，即在公路运输高速发展的今天却没能高度发展资源使用效率较高的铁路运输。对于我国的这种综合交通运输体系中的问题，他们提出了节约交通运输成本的优化交通运输结构的构思及相关模型。李靖等人[96]（2009）建立了循环经济下的城市交通结构优化模型。这个模型的构建是着重从运输方式的角度出发思考能源限制，从运输能力的协调关系、土地资源限制与运输结构的关系等方面构建了目标优化约束条件。郭凌志[97]（2011）提出综合利用各种运输方式之间的无缝链接问题，以尽量在综合规划交通系统的基础上减少运输成本。

综上，现有关于供应链优化的研究主要集中在信息共享和多式联运方面。供应链信息共享利润分配机制的研究领域主要在生产制造供应链，侧重于两个方面的研究。第一，从激励机制的角度来探讨利润分配和成本分担机制。例如关于主制造商—供应商信息共享最优成本分担激励研究；第二，相关因素对信息共享利润分配的影响研究，例如信息对称程度、主导者定位与主体间的能力差异等因素。研究方法多集中在单一决策模式的利润分配机制设计，没有考虑到合作双方的不同决策模式，利润分配方法单一。由于每一种方法都有其不同的优势和缺陷，不同分配方法结果可能不一致，很难判断哪种方法更合理。因此，本书以通过物流信息平台实现信息共享的物流服务供应链中的上下游三个企业节点为研究对象，考虑合作双方的不同决策模式，提出运用利益综合协商法的思想，克服以上单个利润分配方法的不足，并体现成员满意度最大，达到信息共享中利润分配的合理性。

针对信息共享激励机制的研究。以往学者的研究主要集中在生产制造供应链信息共享的协调机制设计，且没有考虑在博弈理论与非对称信息结构下来构建信息协调机制，实际上，供应链成员之间具有多种博弈问题的集合，本书以供应商—集成商—客户的三级物流服务供应链为研究对象，在运输价格弹性需求和市场需求信息不对称情况下，研究物流服务供应商激励机制的设计问题，并进行数值仿真分析。动态揭示双方的博弈过程，提出供应商主导的协调策略，产品供给和销售价格也更加稳定，最终达到预期的协调目标。

针对物流多式联运优化问题，以往研究主要从基础设施、设施设备、信息技术、管理体制等方面进行研究，通过类比分析得出发展多式联运的必要性。针对航空物流多式联运研究较少，对影响实施多式联运的条件及具体环境因素分析不够，只回答了应该怎么做，没有回答如何做的问题。基于多式联运的低碳运输推进研究在节能减排、运输成本、运输质量、中和各种运输方式的缺点等方面有显著的优势，因此以多式联运为手段的低碳运输推进工作将是本书研究的主要内容。因此，本书以航空物流多式联运为研究对象，对航空物流多式联运的路径进行优化，并提出“卡车航班”对策实现多式联运的地面无缝衔接，从整体上提高多式联运的效率。

1.4 研究内容及创新点

1.4.1 研究内容

针对航空物流服务供应链优化问题，研究思路及内容框架具体如图 1-8 所示。

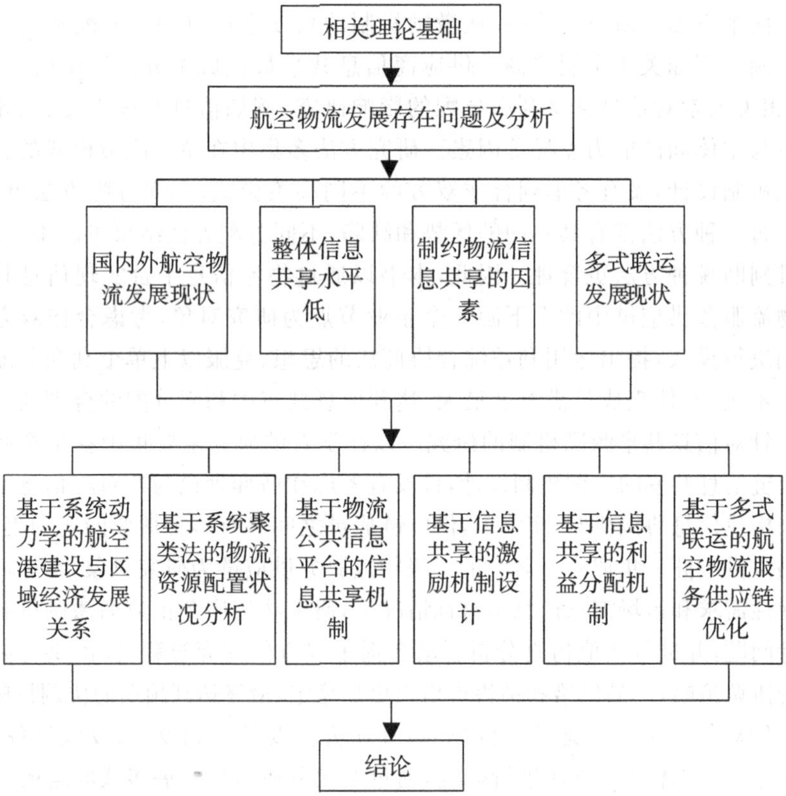

图 1-8 研究思路及内容框架

1.4.2 主要创新点

针对航空物流服务供应链优化问题，本研究的主要创新点如下：

(1)研究视角。从宏观上分析我国航空物流现状，根据制约航空物流发展的瓶颈，从微观上建模，解决航空物流服务供应链优化问题。根据物流与经济关系的相关理论，分析航空港与中原经济区经济发展的变量，建立航空港与中原经济区经济发展的因果回路图，论证中原经济区经济发展与航空港建设相互促进的关系。另外，基于信息共享协调机制的研究对象主要是生产制造供应链，且没有考虑在博弈理论与非对称信息结构下构建信息协调机制，实际上，供应链成员之间具有多种博弈问题的集合，本书以航空公司—货代企业—客户组成的二级航空物流服务供应链为研究对象，在运输价格弹性需求和市场需求信息不对称情况下，研究航空物流服务供应商激励机制的设计问题。

(2)研究方法。关于供应链信息共享利润分配机制的研究多集中在单一决策模式的利润分配机制设计，没有考虑到合作双方的不同决策模式，利润分配方法单一。由于每一种方法都有其不同的优势和缺陷，不同分配方法结果可能不一致，很难判断哪种方法更合理。因此，本书以通过物流信息平台实现信息共享的物流服务供应链中的上下游三个节点企业为研究对象，考虑合作双方的不同决策模式，提出运用利益综合协商法的思想，克服以上单个利润分配方法的不足，并体现成员满意度最大，达到信息共享中利润分配的合理性。

(3)研究目标。提高航空物流物流服务供应链的整体效率，而非单个节点企业。立足于物流企业运输缺乏联运性，分析 5 种运输方式在能源消耗及碳排放问题上综合发挥联运优势，力图寻找一种方法发挥各种运输方式的经济运距的作用，从而达到低碳运输目标。

1.5 研究方法

本书采用的研究方法如下：

(1)文献分析法。根据研究目标，通过对国内外大量相关文献检索分析，全面地、正确地了解掌握供应链信息共享及多式联运问题，总结并借鉴国内外学者对航空物流供应链信息共享研究的内容及方法，哪些结论对自己正在研究的问题有帮助作用，并在大量关于试验区的研究报告中找到了有价值的信息。一方面形成对物流公共信息共享机制的基本认识，同时也为后续研究提供整体的思路。

(2)调研法。通过实地调研与访谈反馈得到相关的信息与数据，利用比较的方法，进行建模型的实例验证。针对所研究的问题做电话访问，访问对象主要是航空港管委会领导以及机场货站领导，其目的是对航空港信息共享现状及存在的问题有比较深入的了解，为解决问题提供依据。

(3)模型分析法。本书中采用线性规划模型，考虑低碳运输中可能涉及的多个节能减排问题、运输需求与运输供给问题、运输结构问题及运输的经济性等问题，以多式联运为探讨起点，建立了适合低碳运输发展的一般约束条件。

(4)实证研究法。通过调研获取实现区域现有供应链信息共享及多式联运的相关数据，依据构建的信息共享机制及多式联运路径优化模型，进行实证分析。

第 2 章　基础理论及方法

2.1　航空物流服务供应链的含义及构成

2.1.1　航空物流服务供应链的含义

航空物流是指货物以航空运输为主要的运输方式，从供应地向接收地进行的有效率、有效益的流通和储存，以满足顾客需求的过程。它将运输、仓储、装卸、加工、整理、配送、信息等方面进行有机结合，形成完整的供应链，为用户提供多功能、一体化的综合性服务[98]。

航空物流服务供应链是指在航空物流服务中，以满足客户（货物所有者）需求为目的，从货源的组织开始，经过地面运输服务、机场货站服务及空中运输服务等作业环节，最终将货物送到客户（收货人）手中，由航空货运代理企业、地面运输企业、机场货站服务企业、航空运输企业及客户等组成的一个有机的网络整体[99]。

2.1.2　航空物流服务链的构成

从航空物流的作业流程来看，航空物流服务链可以看作从货物运输的计划开始，到货源的组织、货物出港、空中运输、货物进港、货物储存及货物配送的一个完整的服务链[100]，如图 2-1 所示。

其中货代公司的作用就是整合分散在各个货主手里的货物，然后跟航空公司进行运价、航线、出货时间等方面的沟通，选择合适的航空公司并进行货物进出关的报关报检工作；机场货站的主要工作是货物中转、理货、过磅、短期仓储等货物在机场地面上的操作；航空公司主要负责货物的空中运输工作。

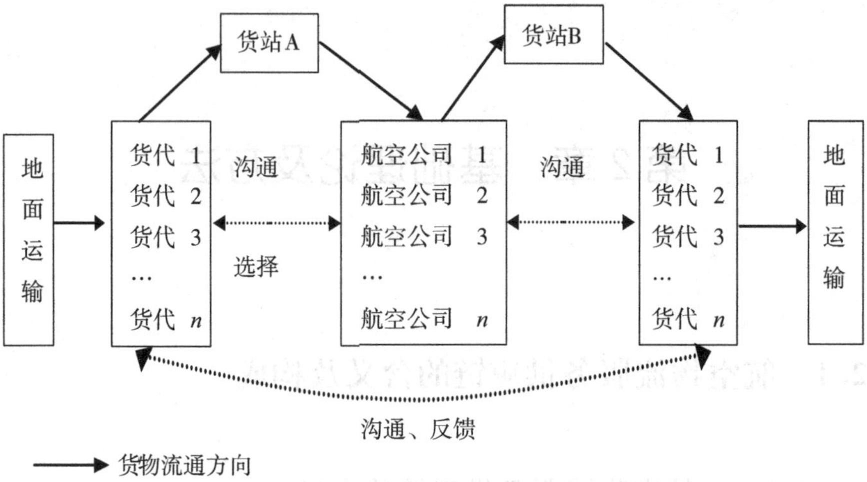

图 2-1 航空物流服务链结构

2.2 物流公共信息平台

2.2.1 物流公共信息平台的含义

物流公共信息平台是指基于计算机通信网络技术，提供物流信息、技术、设备等资源共享服务的信息平台，具有整合航空物流服务供应链各节点物流信息、物流监管、物流技术和设备等资源，面向社会用户提供信息服务、管理服务、技术服务和交易服务的基本特征[101]。物流公共信息平台以信息技术为支撑所开发的信息系统，充分利用数据、信息、知识等资源，实施物流业务，控制物流业务，支持物流决策，实现信息共享，以提高物流企业业务的效率、决策的科学性，其最终目的是提高企业核心竞争力[102]。

20 世纪 80 年代，新加坡等发达国家逐渐建起了以港口园区为特色的物流公共信息平台，对当地物流业发展起到了极大推动作用。如新加坡的"Portnet"，荷兰的"W@VE"等主要是以港口需求为主导，为港口这种大型物流枢纽设立的，通过信息交换、集成、共享技术的应用，全面整合港口物流业务。目前，国外物流公共信息平台发展中更是有许多值得我们学习的东西。我国物流公共信息平台建设虽然现在处于起步阶段，但各级政府非常重视，很多城市和地区已在规划建设。

2.2.2　信息平台的功能需求

物流公共信息平台可以看成是航空物流服务链的神经网络，连接物流系统的各个层次、各个方面。从信息供需角度来分析，参与物流公共信息平台的主体包括：政府相关部门、行业管理部门、物流企业、客户及其他参与者[103]。各个参与平台的主体对平台中的信息都有不同的要求。总的来说，公共信息平台要具备下面三种功能，如图 2-2 所示。

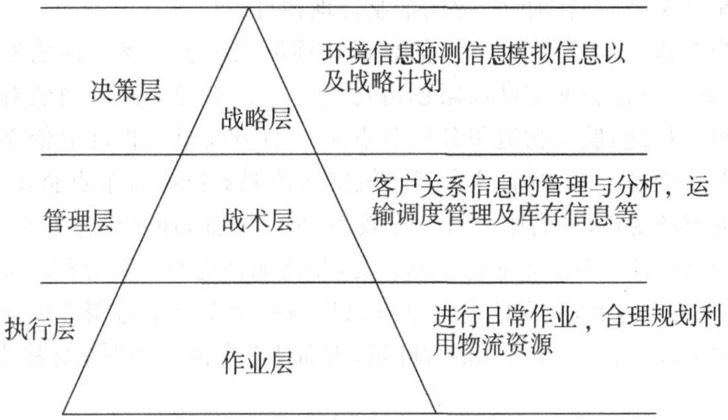

图 2-2　公共信息平台功能结构

2.3　信息共享

2.3.1　信息共享的概念及价值

1. 信息共享的概念

一般来说，信息共享是指一些机构、企业等为了提高信息的利用率，在一定的信息标准化、规范化及相应的机制保障下，让信息在不同的信息系统之间的交流，将信息与其他人或者其他系统共同分享的过程，从而达到合理配置资源、节约时间成本等，创造更多的社会效益和经济效益。航空物流信息共享是指政府部门、物流企业、货主企业、服务机构等在公共的信息平台上在信任机制、利益分配、激励机制等机制下交换相应的信息，以实现航空物流的长远发展。例如，航空公司、货代企业、机场货站有业务往来的成员间，共享航班、舱位、客户需求等信息达到共赢。

2. 信息共享的价值

目前，信息技术飞速发展，更加快了信息共享的步伐，信息共享可以从总体上改善企业或相关部门领域的绩效，比如如果在整个供应链上共享信息，则可以降低库存、减小牛鞭效应、提高供应链总体盈利水平。当然信息共享并不总能创造价值，只有当需求信息的不确定性以及波动性很大时，各节点企业共享信息才能产生价值。航空物流服务链上的信息共享有利于航空公司掌握真实的客户需求情况，更好地安排航班计划、有利于机场货站合理安排机坪配载、操作时间，货代企业合理预订舱位等。

在当今这个信息化的时代，信息正在逐渐成为各行各业向前发展的动力，信息共享更是企业突破局限创造奇迹的一条必经之路。当然对于航空运输业也是如此，航空物流服务链节点企业的绩效很大程度上依靠企业间的信息共享效率。一方面，这有利于航空物流服务链中各节点企业及时、准确地了解市场变化，提高服务链运作效率；另一方面，通过信息共享，才能具体准确地把握各个节点企业的资源状况，并且把合适的资源合理地分配到合适的地方；再一方面，实现信息共享可以提高整个航空物流服务的业务水平和运作效率，增加旅客和货物的吞吐量，进而使航空港的各项指标稳步提升。

2.3.2 信息共享的内容

在航空服务链中各成员企业可共享的信息内容包括：货主掌握的信息，包括货物的始发地、类型、数量等；运输企业掌握的信息，包括货车的数量、运输的价格等。货代企业掌握的信息，包括整合货物的数量、货物运输的时间要求等；机场货站服务企业掌握的信息，包括仓储信息、装卸搬运的安排情况信息等；航空公司掌握的信息，包括舱位信息、航班信息、空运价格信息等。

2.3.3 线性信息支付系数

航空物流服务链上的节点企业往往不愿意将自己掌握的信息共享出来，一方面是为了在竞争中掌握主动权，而另一方面是害怕因为信息泄露给自己的公司造成巨大损失。所以这时候就需要核心企业对其他企业提供一定的支付奖励，支付奖励是要根据企业提供的信息不断变化的，这种变化可以通过调节先行支付系数来获得，线性支付系数的范围一般是根据其他一些相关因素界定的，比如本书中通过信息共享前后的货运价格来对线性支付系数的范围进行界定。

2.3.4 信任及利益分配

1. 信任

信任是指交往的双方相信对方都不会利用自己的脆弱点去获取利益，不会怀疑对方会采取机会主义行为的双方之间的一种关系。本书认为，信任是共享信息的关键因素。实质是：信息平台下的成员在共享信息前及共享后，相互之间的信赖与对彼此之间契约严格遵守的一种态度。当成员间关系越紧密，越信任对方，彼此间则越愿意共享彼此的信息，才能够实现真正意义上的合作共赢。

2. 利益分配

所谓利益分配是指合作各方的成员按事先约定的分配原则，把合作各方共同创造的利益进行合理的分配。分配原则如下。

(1)公平分配原则。合理、公平的分配原则一方面可以鼓励高利益收入成员继续为信息平台信息共享创造价值，另一方面又能促进其他成员向主导成员学习技术理论等，促进整体机能的完善。

(2)科学分配原则。对利益进行分配时一定要以基础理论以及实际情况为依据，实事求是设置成员的利益分配协调方案，不能仅靠主观臆断。

(3)信息透明原则。在信息共享过程中，如果信息不对等很可能会引起成员间的误会而影响信息共享的发展，因此在制定利益分配方案时中应当遵守信息透明的原则，把利益分配策略及求解方法等过程资料公开，减少成员之间的误会。

(4)民主决策原则。关于利益分配的方案，各成员可以先提出自己的建议，按成员提出的意见，全体的成员再进行探讨，确定最后的分配方案。即所有成员共同协商、共同建立利益分配机制。

(5)协调整体利益与个体利益的原则。在制定利益分配方案时，在保证整体利益的前提下，也一定要顾及个体的利益，至少需要让各成员的获利不少于不合作时的最低收益。

2.4 多式联运

2.4.1 多式联运的定义

目前还没有多式联运的通用定义。根据1997年欧洲交通部长会议(European Conference of Ministers of Transport)上的定义，多式联运具有广义和狭义之分。狭义上的多式联运定义如下：使用连续的运输方式进行且在运输方式转换时不对货物本身进行单独处理的货物移动(使用统一的装载单位或工具)[104]。广义上的多式联运描述如下：使用至少两种不同的运输方式进行的货物移动。联合国在名为"国际货物多式联运公约"的文件中提供了如下有关多式联运的定义：国际多式联运是指按照多式联运合同，以至少两种不同的运输方式，由多式联运经营人将货物从一国境内接管货物的地点运到另一国境内指定交付货物的地点[105]。

2.4.2 多式联运的特征

多式联运的特征如下：

(1)根据多式联运的定义，多式联运是使用两种或两种以上运输方式进行运输，这是其与单式运输方式的主要区别，并且是不同运输方式的有机组合，并不是不同运输方式的简单叠加。

(2)多式联运必须以多式运输合同为根据，缺乏多式运输合同，就不存在多式联运。在整个运输的环节中始终只有一份合同，运用一单到底的原则，即无论运用多种运输方式，但运单只有初始的一份，减少了转运间不必要的麻烦。

(3)多式联运在整个联运过程中运用科学的方法使多个环节均能够紧密配合，用最快捷经济且安全的方法进行有效运输。

(4)多式联运是不同方式的综合组织，物流承运方对物资从接收到运至目的地的整个过程进行全程代理，无须甲方监督的全过程。

2.4.3 航空港多式联运

航空港的多式联运，主要是指充分利用机场空侧航线航班资源和航运码头、高速铁路、城际铁路省际巴士及城市轨道交通等机场陆侧的综合地面配套交通设施资源。在满足航空枢纽辐射腹地的市场需求下，通过对空运和陆运资源的科学、有效整合，最终实现旅客及货物在多种交通方式间的便捷高效联程转运，达到交通体系内的最大运输效率和最大整体价值的核心目的[106]。

针对航空港的地理位置、区位优势，在其货站的进出口货物通常采用陆空联运方式组织出运。第一个原因，航空港拥有便捷的铁路交通网，因此在采用航空港作为港口运输货物时，通常需要经由铁路运输，将货物运输到所在城市，再由公路运输运往航空港。另外一个原因是，一般的飞机运力是比较有限的，且运费高，如果采用国内包机，费用更贵，虽然目前航线网覆盖率已经很高，但考虑到费用问题，货主在时间约束小的情况下，一般不会选择空运。

2.5 相关理论及方法

2.5.1 系统动力学

系统动力学(System Dynamics，SD)是研究社会学科和自然学科交叉的一门横断科学，基于系统论、控制理论、信息理论、计算机技术的精髓，以反馈控制理论、决策论、信息论为基础，以计算机仿真为技术手段，适用于高阶非线性多重反馈的复杂社会经济大系统的实用性研究方法，具有高效高精度、细节性复杂、动态性复杂和时间性复杂等多重优势[107][108]。系统动力学是20世纪50年代由美国麻省理工学院Forrester教授所创建[109]。最初为分析企业生产管理及库存周转等问题而提出的，是以反馈控制理论为基础的仿真方法，用以解决系统问题的交叉学科[110]。反馈是系统动态学的一个核心概念。在系统动力学这门学科研究中，通过一些绘图的软件和工具来表达相关系统的结构，这些工具中就包括因果回路图。而因果回路图，它是表达各类烦琐的系统反馈结构的重要功能用具，可以快速呈现出对于系统动态的成因，进而引出表达个体或团队的心智模型。

2.5.2 合作博弈与非合作博弈

合作博弈主要研究人们达成合作的条件及如何分配合作得到的收益，即收益分配问题，非合作博弈研究人们在利益相互影响的局势中如何决策以使自己的收益最大化，即策略选择问题，两者的区别在于人们的行为相互作用时当事人能否达成一个具有约束力的协议,若有就是合作博弈,若没有就是非合作博弈[111]。

2.5.3 TOPSIS 法及夏普利(Shapley)值法

1. TOPSIS 法

逼近理想值的排序方法(Technique for Order Preference by Similarity to Ideal Solution,简称"TOPSIS 法"),又称"理想解法",运用 TOPSIS 进行综合评价的原理是:通过测度各评价对象的指标值向量与理想解和负理想解的相对距离来确定评价对象的综合得分,评价对象越接近理想解同时又越远离负理想解,则评价对象的综合评价得分越高,所谓"理想解"是评价对象的最佳值,即标准化指标值的最大值;所谓"负理想解"是评价对象的最劣值,即标准化指标值的最小值,利用 TOPSIS 法确定评价得分[112]。

2. 夏普利(Shapley)值法

夏普利(Shapley)值法是由 Shapley L. S 在 1953 年提出的解决 n 人合作对策问题的一种数学方法,如果有 n 个从事某项经济活动的成员,对于他们之中若干人组合的每一种合作形式,都会得到一定的效益,当人们之间的利益活动为非对抗性时,合作中人数的增加不会引起效益的减少,这样,全体 n 个人的合作将带来最大效益,Shapley 值法是分配这个最大效益的一种方案[113]。

2.5.4 激励机制理论

从字面意思来看,激励就是刺激和鼓励的意思。从现代管理学的角度来看,激励是指用各种有效的方法去调动员工的积极性和创造性,通过有效的刺激,使他们努力去完成既定的工作任务,以实现组织的奋斗目标[114]。

激励只有形成机制,方能使他的作用持续得到发挥。对于激励机制的定义,还存在争议,观点并不统一。目前支持率较高的观点是:激励机制是指激励主体通过特定的激励手段和激励因素对激励客体施加影响的方法集合。

2.5.5 Stackelberg 博弈模型

斯坦克尔伯格(Stackelberg)模型是一种动态的寡头市场博弈模型。在有些市场参与竞争的各个厂商之间是不平等的，他们在竞争中的地位决定了他们决策的顺序。

该模型的假定是：主导企业知道跟随企业一定会对他的产量做出反应，因而当他在确定产量时，把跟随企业的反应也考虑进去了，因此这个模型也被称为“主导企业模型”[115]。比如在航空物流服务链中的两个企业航空公司和货代企业，在服务链中，航空公司作为主导企业，货代公司作为跟随企业。只有在航空公司提出运价之后，货代企业才会对货主提供报价。

斯坦克尔伯格博弈模型的优点是在动态环境下比纳什均衡更贴近实际，但是它的缺点是经过此模型分析信息参与较多的货代公司不一定会得到更多的收益。

2.5.6 机制设计理论

机制设计理论是非对称信息博弈论在经济学中的应用，是一般均衡理论的广泛形式，也称为信息经济学或合同理论。进行机制设计时需要注意的问题是怎样在某种特定的经济环境下设计激励机制，怎样在大家都追求自身利益最大化的前提下设计激励机制，让激励机制设计的主体将客体的行为活动控制在一定的范围内，继而使主客双方的利益都能得到保证。

其动态博弈分为三阶段，第一阶段：委托人首先设计一种激励机制，每一种激励机制都构成一种博弈；第二阶段：代理人选择拒绝或接受该激励机制，拒绝后代理人得到外在保留效用；第三阶段：在该激励机制下代理人选择博弈策略，做出博弈行动[116]。

2.5.7 多式联运优化方法

在航空物流多式联运的运输环节，通过对运输路线的改进和优化，可以提高运输效率，更好地满足客户的需求。目前学术领域，对运输路线进行优化的方法有很多种，这里简单地介绍以下四种方法。

1. 广义最短路算法

广义最短路算法是在最短路算法的基础上，同时又考虑到费用问题的一个改进算法，使用时需要先建立一个多式联运网络图，然后对运输费用和中转费用进行分析估计，最后再使用 Dijkstra 算法来求解最佳运输路线，从而得到广义费用最少的联运方案。

2. 动态规划算法

动态规划算法主要解决多阶段决策问题，寻出最优方案的一种算法，这种方法把复杂的多阶段决策问题变换成一系列相互联系且较容易解决的单阶段问题，一般由初始状态开始，通过对中间阶段决策的选择，达到结束状态，这些决策形成了一个决策序列，同时确定了完成整个过程的一条活动路线（通常是求最优的活动路线）[117]。

3. 蚁群算法（Ant Colony Optimization，ACO）

蚁群算法又称蚂蚁算法。蚁群算法是一种用来在图中寻找优化路径的概率型算法，通过对蚂蚁在寻觅食物过程中发现路径的行为的分析获得灵感，主要依据的是蚂蚁在寻找食物时在路线中所累积的信息素，信息素相比同路段最高的即为最优路径。

4. 盈亏平衡分析法

盈亏平衡分析是通过盈亏平衡点（BEP）分析项目成本与收益的平衡关系的一种方法。各种不确定因素（如投资、成本、销售量、产品价格、项目寿命期等）的变化会影响投资方案的经济效果，当这些因素的变化达到某一临界值时，就会影响方案的取舍。盈亏平衡分析的目的就是找出这种临界值，即盈亏平衡点（BEP），判断投资方案对不确定因素变化的承受能力，为决策提供依据[118]。

以上提到的每种方法在改进运输路线时都有各自的优缺点，根据本书的研究内容，这里主要采用的是动态规划算法，对运输过程进行更进一步的优化。

第3章　航空物流服务链发展现状

3.1　国内外航空物流发展现状

3.1.1　国外层面

1. 美国孟菲斯国际机场

位于美国田纳西州的孟菲斯国际机场是世界上最大的航空物流基地，自1992年至2009年连续17年位居全球机场航空货运吞吐量第一，同时它还是美国西北航空的第三大转运中心，也是联邦快递(FedEx)总部所在地。

孟菲斯本来只是美国一个普通的中等城市，改变是从联邦快递于1973年选择孟菲斯机场作为美国的货运中心开始。随着联邦快递的迅速壮大，以及其他世界知名的航空物流企业如UPS、DHL、KLM等在机场纷纷设立了航空物流机构，孟菲斯机场成为许多大型企业的中枢，带动了一系列大企业的入驻——如惠普、松下、耐克、捷普全球公司、辉端和葛兰素等，逐渐形成高端电子制造业、国际物流业、生物医药业等相关产业的集聚，优势合作企业入驻的集聚效应推动孟菲斯机场不断发展。孟菲斯发展的显著特色就是集聚了联邦快递等一大批世界知名的航空物流企业，借助航空物流的发展，又集结了一大批相关的商务机构，因此成为世界航空物流规模最大、货运效率最高、服务实施最齐全的航空港[119]。

孟菲斯国际机场发展航空物流的特点是交通区位优越，多种运输模式并存，货运设施完备便捷，可靠快递运输保证。联邦快递选择孟菲斯的主要原因就是地理位置特殊，以孟菲斯为中心，24小时以内可以到达北美任何一个角落，48小时可以实现抵达全球主要城市。公路方面，孟菲斯与横穿美国东西方向和南北方向的公路相连，7条高速公路在此相交，使得美国152个大城市到孟菲斯只有一晚行程。铁路方面，孟菲斯拥有5条I级铁路，6个铁路码头，每天有220班列车，同时孟菲斯市还将不断地继续扩建铁路。水运方面，孟菲斯位于密西西比河东岸，为美国第四繁忙的内河码头[120]。每年约有63亿吨内河运输货物，拥有44个私营站，8个政府运营站，超过30个国际货物运输代理公司。在多交通运输模式的配合运输下，孟菲斯形成了集空、水、铁、公为一体的综合多式联运系统。孟菲斯周围交通集散条件的不断提升，可大大扩散其航空运输的腹地资源，从而使孟菲斯国际机场成为大型航空物流转运中心。

2. 德国法兰克福国际机场

法兰克福国际机场位于德国莱茵河畔法兰克福，是德国的国家航空公司——德国汉莎航空公司的一个重要基地。作为德国最大的机场，它不仅是欧洲大陆第二大航空港和欧洲重要的中转中心，也是全球各国际航班重要的集散中心。

从法兰克福市中心到机场的交通方便快捷，无论是汽车、地铁，还是火车都非常便利。法兰克福物流城就建在机场附近，占地面积约300公顷，由南北两个货运区构成，聚集了80家航空运输公司，吸引了TNT、DHL、FedEx等100家运输服务公司专业从事物流服务，高效的配送系统确保德国制造的机械设备通过发达的空中运输网络及时派送到世界各地。北侧老货运区占地约110公顷，建有汉莎航空自动化立体货库，货库占地518万方平米，年处理能力50万吨，为汉莎航空自身及其他30多家航空公司提供货运代理服务，并建有相应的货运设施，年处理能力约30万吨。机场当局在南侧货运区建设了大型现代化机场货运城，年处理能力约为100万吨，为客户提供定制模式服务，按需提供一流设备和服务。货运城有28个专用机位，并建有货运大楼、代理公司大楼、动物休息室、易腐物品中心、立体集装箱仓库等设施，建筑面积共约15万平方米[4]。为了适应现代物流业发展的需要，法兰克福机场还建立海关监管仓库、分拨配送中心、货运处理管理信息系统等现代物流设施。

在做大航空运输的同时，机场更是大力发展国际商务，相继建设有贸易中心、会展中心，并在机场周边形成一块以现代商务为主的黄金地带，这些都是法兰克福成为德国重要的工商业、国际展览、金融和交通中心不可或缺的条件，它因此被誉为“莱茵河畔的曼哈顿”[121]。

3. 日本东京羽田国际机场

羽田国际机场位于东京市大田区东南端，多摩川河口的左岸。总面积408万平方米。每天约有230个航班进出港，起落约460次。

日本机场大厦株式会社对机场候机楼进行建设和管理。东京羽田机场不仅实现了机场的高效运行，还取得了商业经营的高效益，实现了社会效益和经济效益的均衡发展，可谓两全其美，这得益于机场独特的运行模式以及职权分明的候机楼管理。机场的公共服务和商业经营，体现在航空服务业务和非航空服务业务，各国机场对于如何界定两者差异较大。东京羽田机场以极其简单的标准划分两者，即以候机楼为界，候机楼建设、租赁、商业、餐饮等由日本机场大厦株式会社经营，除此之外的跑道、滑行道、停机坪的建设与管理、空中交通管制、地面服务、供油、配餐等由政府、航空公司、专业公司分别承担。如此划分，机场候机楼运营商市场准入不受任何限制，运营商不需要具备航空运输专业管理的条件，允许非航空专业公司投资建设候机楼，经营候机楼的商业、餐饮，促使行业垄断被打破，市场竞争推动管理水平不断提高[122]。

日本机场大厦株式会社在东京羽田机场的业务不涉及航空运输、安全管理等专业领域，精准定位在候机楼商业、餐饮等高收益业务，依托自身商业优势，不断提高候机楼收益，甚至商业拓展到其他机场乃至城市中心，且经营的商品批发业、零售业、免税品业务等都占有日本市场较大份额。机场商业收入的增长带动了地方税收的增加，为地方政府加快基础建设和提高公共服务水平提供了充足的资金，机场运输保障能力得到提高，旅客吞吐量大幅增长，航空物流也得到发展，人流和现金流更加活跃，又为机场商业发展创造更多的商机。

4.韩国仁川国际机场

仁川国际机场位于韩国仁川市，是大韩航空及韩亚航空的主要枢纽，与首尔市相距52公里，自启用至今货邮吞吐量一直保持在220万吨上下。仁川机场有众多的餐饮、购物和娱乐场所供旅客消遣，其中包括90个零售商店、70个点心商店、酒吧、提供因特网服务的咖啡厅、休息区、淋浴室、按摩室，以及为儿童准备的游戏室。仁川国际机场的特点是强劲的转运能力、较低的运营成本、高品质的服务。仁川机场的航空货运中近一半都是转运货物，较强的货物转运能力是仁川机场成功的重要因素。覆盖全球的航线网路：仁川机场49家航空客运公司经营着连接172个城市的航线，16家航空货运公司连接近20个地区的定期航空货物运输；实力强大的基地航空公司：大韩航空、韩亚航空是韩国乃至亚洲地区航空运输业的主要力量，大韩航空公司拥有庞大的货运机机队，在全球八大机场中拥有货运站；丰富的机场货运设施：机场具有六个货运站和五个独立的仓库，A货运站面积最大，归属于大韩货运航空，可以处理需冷藏或鲜活的货物，C货运站为FedEx、UPS等国外航空货运所用；立体的交通体系：仁川机场具有便捷、多元化的场内外综合交通体系，跨海大桥、海底隧道、双优快速铁路、快船码头形成了集海陆空为一体的立体交通枢纽。

仁川机场是大韩航空、韩亚航空的基地、天合联盟(SKYTEAM)的东北亚枢纽。为了增加机场的货运服务功能,满足货主的需求,机场当局得到政府的大力支持,在机场内建立自由贸易区。韩国最大的电子企业三星集团和LG集团均在仁川机场租了专属物流中心。自由贸易区的建立既满足客户需求,又给机场带来了大量货源,提高机场设施的利用率,增加机场的竞争力。除此以外,与周边地区机场相比,仁川机场收费较低,有着较大的优势。仁川国际机场的地面操作费用以及机场的使用费用较低,这就可以大大增加其在亚太地区的竞争优势,仁川机场优越的地理位置,以及世界一流航空货运公司的入驻,更稳固了其在亚洲地区的转运枢纽地位。仁川国际机场实现了无纸化通关系统,在很大程度上简化通关程序,降低成本,减少人员浪费,更加强实现了航空货运的高效及时化。此外,仁川机场可以持续投资发展新设施,满足日益增长的物流需求[123]。2012年,仁川国际机场再次获得2011年度“世界最佳机场”称号,这是其连续7年获得此项殊荣。仁川机场2008年至2011年旅客运输量全球排名均在30名开外,货物运输量却一直遥遥领先,跟其自由贸易区与优质服务密不可分。

国际四大机场航空物流发展的情况具体如表3-1所示。

表3-1 国际四大机场航空物流发展

机场	跑道数量	配套设施	模式
孟菲斯国际机场	4	货运设施完备,如货物存储间、交叉性休息室和接待室及办公区域和管理室等	物流分拣中心
东京羽田国际机场	3	官方的税关、防疫、安全检查、通信、气象等机关	社会效益和经济效益均衡发展
法兰克福国际机场	4	海关监管仓库、分拨配送中心、货运处理管理信息系统等现代物流设施	物流商务并重发展
仁川国际机场	3	设立综合管理部、航空运营部、设施设备部、安全保卫部和市场营销部	休闲产业为主

国际四大机场航空物流货邮吞吐量2012—2016年逐年增加,其中美国孟菲斯机场货邮吞吐量居首,其次是韩国仁川,具体如图3-1所示。

国际四大机场航空物流货邮吞吐量增长速度2012—2016年大部分都逐年增加,只有日本东京羽田和德国法兰克福机场在2015年出现负增长,下半年增长速度较快的是韩国仁川机场,具体如图3-2所示。

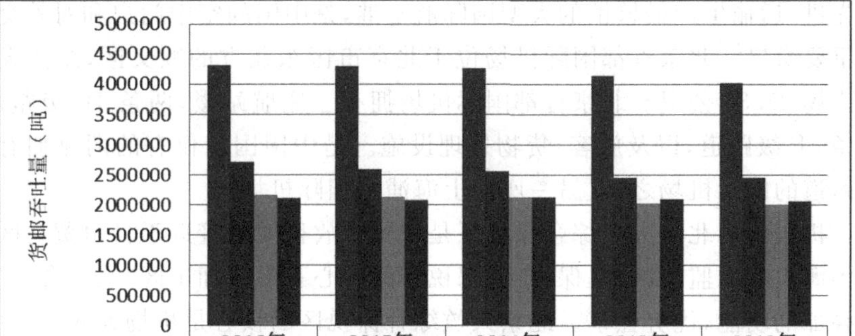

	2016年	2015年	2014年	2013年	2012年
■美国孟菲斯	4322071	4290638	4258531	4137801	4015997
■韩国仁川	2714341	2595678	2557681	2464384	2456724
■日本东京羽田	2165427	2122314	2133542	2019844	2006173
■德国法兰克福	2113594	2076734	2131976	2094453	2066300

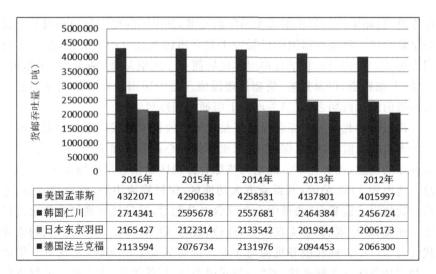

图 3-1 国际四大机场航空物流货邮吞吐量对比

数据来源：国际机场协会 ACI

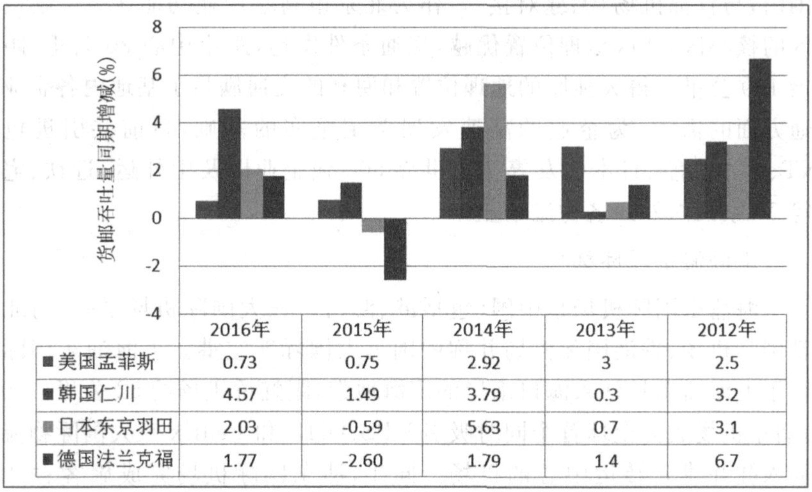

	2016年	2015年	2014年	2013年	2012年
■美国孟菲斯	0.73	0.75	2.92	3	2.5
■韩国仁川	4.57	1.49	3.79	0.3	3.2
■日本东京羽田	2.03	-0.59	5.63	0.7	3.1
■德国法兰克福	1.77	-2.60	1.79	1.4	6.7

图 3-2 国际四大机场航空物流货邮吞吐量同期增长对比

数据来源：国际机场协会 ACI

3.1.2 国内层面

1. 北京首都国际机场

北京首都国际机场是“中国第一国门”，是中国最重要、规模最大、设备最先进、运输生产最繁忙的大型国际航空港，是中国的空中门户和对外交流的重要窗口。北京首都国际机场位于北京市区东北方的顺义区，距离天安门广场25.35公里。北京首都国际机场拥有三座航站楼，两条4E级跑道、一条4F级跑道，以及旅客、货物处理设施。是中国国内仅有的两座拥有三条跑道的国际机场之一(另一座为上海浦东国际机场)。

机场内的北京天竺综合保税区是我国开放程度最接近于自由贸易区的一类海关特殊监管区，集保税区、保税物流中心和出口加工区“三区合一”政策叠加的功能，优势独享。北京天竺综合保税区的核心是机场大通关基地，总占地面积5062公顷，共设有五大功能区：保税物流中心、航空货运站、进出口货物海关监管区、快件中心和综合办公配套，通过统一规划和优化流程使单证流、信息流、资金流在海关、商检、银行、税务、外汇、航空公司、物流货代公司等口岸管理和服务机构与企业之间得到高效的运转，实现航空货运与物流功能区的无缝连接，其“一站式通关环境”等优势，为入驻企业提供良好的商业运营平台，大幅降低运营及物流成本[124]。

北京空港物流基地位于北京东北方向，地处北京市规划的顺义新城区范围内，与首都机场“无缝对接”。作为北京市高端产业功能区——临空经济区的核心区，港区地理位置优越，交通条件发达，距市中心20公里，距天津港160公里。得天独厚的地理位置和便利的交通满足了基地内各企业在交通方面的需求，为企业的高速发展奠定坚实的基础，目前共引进包括TNT、日本邮船、日本住友等7家世界500强企业以及中外运、近铁、宅急送等70家国内外知名物流企业。

2.上海浦东国际机场

上海浦东国际机场是中国(包括港、澳、台)三大国际机场之一，与北京首都国际机场、香港国际机场并称中国三大国际航空港。上海浦东国际机场位于上海浦东长江入海口南岸的滨海地带，距虹桥机场约52公里。2012年，浦东机场成为全球首个同时吸引UPS、DHL和FedEx三大国际物流集成商入驻并建立转运中心的机场。同年，浦东国际机场完成旅客吞吐量44880164人次，客运量位列中国大陆第三；货邮吞吐量2938156.9吨，是大陆货邮吞吐量第一大的机场。

国内航空客运国际枢纽是北京国际机场，而国内航空货运国际枢纽则是上海浦东国际机场。上海浦东机场地理位置优越，上海浦东机场是中国三大国际机场之一，位于上海浦东长江入海口南岸的滨海地带，是长江、东海、杭州湾的交汇地区，并且上海毗邻江苏、浙江两省，是中国东部沿海经济带与长江流域的交汇处，距离北面外高桥保税港区约30公里，距离南面洋山保税港区约40公里。交通便利，目前上海由铁路、水路、公路、航空、管道等5种运输方式组成，具有超大规模的综合交通运输网络，而且浦东机场西货运区与洋山深水港遥相呼应，形成与世界各地相连接的海陆空物流联运通道，加大了其运输范围。

随着上海自贸区的挂牌成立，上海机场目标定位于东北亚地区的物流枢纽，建成世界领先的贸易交易中心之一。上海自贸区的范围涵盖上海市外高桥保税区、外高桥保税物流园区、洋山保税港区和上海浦东机场综合保税区等4个海关特殊监管区域。浦东国际机场是上海与世界来往最主要的方式之一，浦东机场保税区又是自贸区的一部分，所以自贸区的发展必然让中国成为一个更加开放、更加国际化的中国，中国与世界的交流必然越来越密切，这就间接地促进了浦东机场航空物流的发展[125]。

3.广州白云国际机场

广州白云国际机场是中国第三大城市的广东省省会广州市的一座大型民用机场，国内三大航空机场之一，于2004年8月5日正式启用，地处广州市白云区人和镇和花都区新华街道、花东镇交界处，距广州市中心海珠广场的直线距离约28公里。该机场目前为中国南方航空、海南航空，深圳航空，联邦快递的枢纽机场及中国国际航空的重点机场。广州白云国际机场第三跑道、二号航站楼分别将于2014年、2016年建成投入使用，目前第三跑道已通过工程验收，待各项报批程序完成后将投入使用。作为中国三大枢纽机场之一的广州白云国际机场已开通123条国内外定期航班航线，其中国内航线86条，国际及地区航线50条，每天有超过500班航班起降。

广州白云国际机场北端的广州空港保税物流中心位于广州白云机场海关监管库区内，北侧靠近花都大道，南侧紧临机场货运区，西侧靠近机场高速公路北延线，东侧是机场大道，总用地面积近30万平方米，仓储面积11万平方米。保税物流中心拥有优越的交通地理位置，北二环高速、三环高速、一零六国道、花都大道形成周边发达公路网，加上原有白云国际机场的强大航空运输力，再配合铁路京广线及广州北站距保税物流中心约十公里的合理布局，共同构筑了保税物流中心对外联系的陆空强大运输网，有力保证了保税物流中心对泛珠地区乃至内陆地区的业务辐射能力[126]。

保税物流特殊监管区实行“境内关外”政策，给企业带来最直接的好处是入区(仓)等同离境，即可获得退税款，而之前企业要在货物实际离境后才行，这一变化将帮助出口企业可以实现出口退税提前两个月，大幅减少企业退税资金占压，帮助广州电子信息、紧密仪器设备、纺织服装、玩具等企业开拓国际市场。保税物流中心项目和海关监管区构成完整的广州空港国际物流的发展架构，带动周边地区高新技术产业的形成和发展，吸引众多大型国际物流企业入驻，为打造高新技术产业区—保税物流中心—海关监管区—

航空公司无缝隙的国际物流运作提供高效的服务和可靠的保障，逐步将空港物流园发展成区域性的国际采购中心、国际配送中心和国际分销中心，构建空中地面联网的全方位物流供应体系，有力地促进广州进出口货易和中国南方航空公司国际航空货运的发展，推动广州现代物流乃至泛珠三角地区航空物流业的蓬勃发展。

4.香港国际机场

香港国际机场位于香港新界大屿山以北的赤鱲角，为香港现时唯一运作的民航飞机场。香港国际机场设有96个停机位，两条跑道，24小时全天候运作；香港国际机场被Skytrax评为五星级飞机场，于2001年起至今一直跻身三甲，期间8度被评级为全球最佳。机场全日制运作，近90家航空公司在机场营运，每日提供近800架次定期客运及全货运航班，可达全球150多个目的地。

自1996年以来，香港国际机场一直是全球最繁忙的国际航空货运机场。香港国际机场发展航空物流的特点是地理位置优越、腹地资源丰富、国际航线丰富、快捷通关流程、先进货运设施。香港国际机场位于我国珠三角地区，人口密集、劳动力充足，是我国经济快速发展地区，同时也是我国最大的制造业中心。高新技术产业在该地区发展迅速，产品要求及时高效的市场销售及服务，对航空物流依赖性较大，这就为香港国际机场提供了广阔的腹地资源[127]。珠江三角洲地区的广州、深圳、澳门机场的大部分国际货运通过香港进行转运，同时香港周围有众多港口城市，空港转运也为其提供了大量货运保障。香港国际机场丰富的国际航空网加之香港特殊的地理位置，使其在5小时之内可以达到全球半数国家。香港国际机场主要以转运为主，实现高效快捷的通关流程就显得十分必要，为此采用便捷的电子数据联通机场与海关的空运货物系统，从而实现“一站式”服务。香港机场货运基础设施完善，到2014年止，机场拥有两层货运服务，第一层主要包括各类货运中心，第二层服务包括海运码头、机场空运中心及商贸港物流中心。

5.郑州新郑机场

郑州航空港地处我国内陆腹地，空域条件较好，便于接入主要航路航线，具有发展航空物流的独特优势，开通航线43条，25条国际航线和9条国内航线。目前，在机场运营的客运航空公司达23家，开通客运航线133条，其中国内航线118条、国际地区航线15条。2014下半年，郑州机场力争再引进5家客运航空公司，新增5个通航城市，新开10条航线。主要措施有：进一步完善郑沪、郑昆空中快线，加快开通其他空中快线；吸引东海航空、大连航空、吉祥航空、香港快运等以“低成本模式”进驻郑州机场，其中香港快运已宣布，自2014年9月26日起，正式开通郑州往返香港航线，从郑州到香港仅需420元[128]。

"铁公机"一体化的综合交通运输体系。郑州有中国"铁路心脏"之称，又是全国7个公路主枢纽之一，航空港区东临107国道，南临102省道、223省道，西临机场高速、京珠高速，北临西南绕城高速，京广、龙海两大铁路干线在此交汇；国道310线和连霍高速公路也在此交汇，一个半小时航程内覆盖全国2/3的主要城市和3/5的人口。"米"字形的铁路网：建成郑州东站至郑州机场至许昌、郑州机场至登封至洛阳、郑州至焦作、郑州至开封等城际铁路，形成以郑州为中心的铁路网。建设航空、公路、铁路高效衔接，形成陆空联运体系，实现客运"零距离换乘"和货运"无缝衔接"，建成全国重要客运中转换乘中心和全国重要的国际航空物流中心。

航空物流发展态势良好。2017年，航空港地区生产总值完成700.1亿元，是2012的3.4倍，年均增长19.4%；规模以上工业增加值完成295.3亿元，是2012年的4.1倍，年均增长22.2%；一般公共预算收入完成36.3亿元，是2012年的5倍，年均增长37.9%；固定资产投资完成680.5亿元，是2012年的5.9倍，年均增长42.4%；手机产量2.99亿部，是2012年的4.4倍，年均增长约4000万部；外贸进出口总额完成498.1亿美元，是2012年的1.8倍，年均增长12.2%，全省、全市占比分别达到65.1%、83.5%；航空客运完成2430万人次，是2012年的2.1倍，年均增长15.8%；航空货运完成50.3万吨，是2012年的3.3倍，年均增长27.2%[129]。

郑州新郑综合保税区的批复，使河南外向型经济发展实现了重大突破，进出口总额从2008年占全国的0.68%提升到2012年的1.34%，2012年完成进出口额285亿美元，在全国31个保税区中迅速上升到第2位。

获批建设实验区及综合保税区。2012年11月，国务院正式批复《中原经济区规划》，同意规划建设郑州航空港经济综合实验区；2013年3月7日，又批复《郑州航空港经济综合实验区发展规划(2013—2025)》。综合保税区与机场实现"区港联动"。2010年10月24日，郑州新郑综合保税区获国务院批复，2011年11月4日正式封关运行，目前正在积极实施区港联动、区区联动。

航空物流基础设施逐步完善。近年来，机场货站改扩建工程已完工并投入试运行，保税物流园区台商工业园区基础设施实现"七通一平"，基础配套设施齐全，信息平台项目已完成"区港联动"信息系统一期，实现了综保区与机场物流的互联互通。郑州许昌城市候机楼开始运营，实现了旅客直通机场安检的"一站式"服务，使得郑州机场的服务辐射范围进一步扩大。郑州机场二期工程建成后可有力保障客货运量，正在新建的GTC综合交通换乘中心将使客运"零距离换乘"和货运"无缝衔接"的设想成为现实。

现将国内五大机场航空物流发展的情况总结如表 3-2 所示。

表 3-2　国内五大机场航空物流发展情况对比

机场	跑道数量	配套设施	营商环境
北京首都国际机场	3	海关、商检、银行、税务、外汇、航空公司、物流货代公司等口岸管理和服务机构与企业	一站式通关
上海浦东国际机场	3(4、5 号跑道在建)	西货运区，规模及吞吐量最大的专属货运区，配合货运专用的第三跑道使用	浦东机场综合保税区的“一个枢纽，五大功能”
广州白云国际机场	3	4 万平方米的中性货站、8.8 万平方米的货机坪及 3 个货机位	广州空港保税物流中心“境内关外”政策
香港国际机场	2	具备最先进的自动化货物处理系统，以及特殊货物处理设施，提供一站式的多式联运服务，连接珠江三角洲 18 个港口	快捷的通关流程，电子数据联通机场与海关的空运货物系统
郑州新郑机场	2(3、4、5 号跑道在建)	有综合保税区、E 贸易、航空和铁路一类口岸、国家高速公路、干线公路重要枢纽、2.5 小时航空圈覆盖全国人口 90%	一站式通关、“两级三层”管理体制、复制上海自贸区政策

国内五大机场航空物流货邮吞吐量 2014—2017 年稳中增加，香港国际机场吞吐量居首，其次为上海浦东机场，具体如图 3-3 所示。

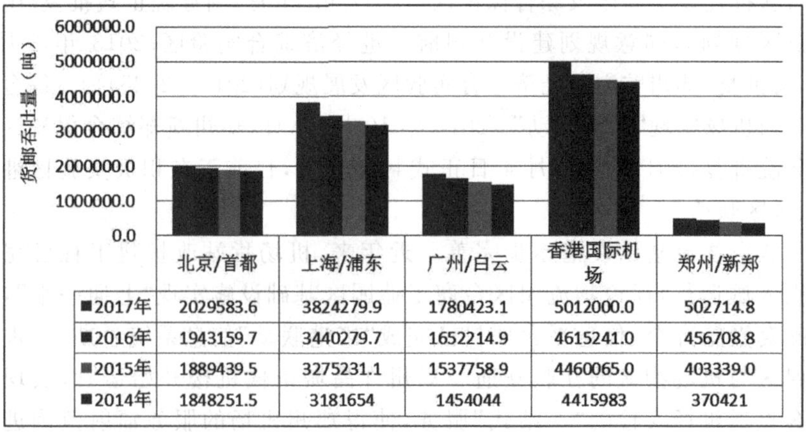

	北京/首都	上海/浦东	广州/白云	香港国际机场	郑州/新郑
■2017年	2029583.6	3824279.9	1780423.1	5012000.0	502714.8
■2016年	1943159.7	3440279.7	1652214.9	4615241.0	456708.8
■2015年	1889439.5	3275231.1	1537758.9	4460065.0	403339.0
■2014年	1848251.5	3181654	1454044	4415983	370421

图 3-3　国内五大机场航空物流货邮吞吐量对比

数据来源：国际机场协会(ACI)　国家统计年鉴　河南省统计年鉴

国内五大机场航空物流货邮吞吐量增长速度 2014—2017 年稳中增加，其中平均增长速度最快的是郑州新郑机场，其次是广州白云机场，具体如图 3-4 所示。

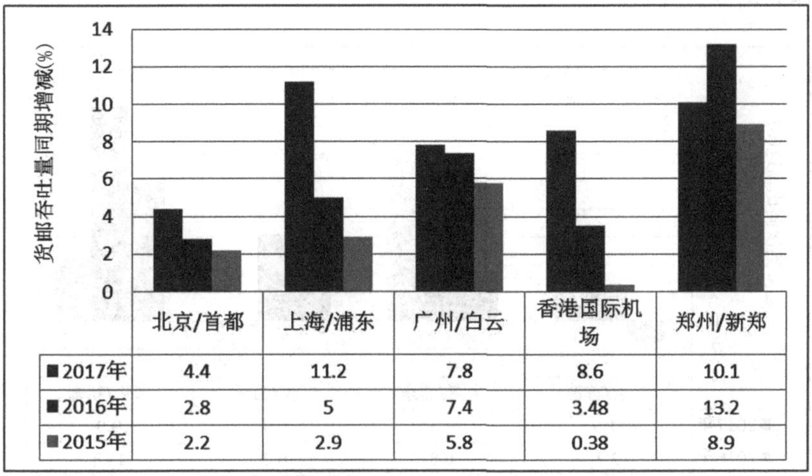

	北京/首都	上海/浦东	广州/白云	香港国际机场	郑州/新郑
■2017年	4.4	11.2	7.8	8.6	10.1
■2016年	2.8	5	7.4	3.48	13.2
■2015年	2.2	2.9	5.8	0.38	8.9

图 3-4　国内五大机场航空物流货邮吞吐量增长速度对比

数据来源：国际机场协会(ACI)　　国家统计年鉴　　河南省统计年鉴

国内五大机场货邮起降架次数 2014－2017 年逐年增加，其中北京首都机场货邮起降架次数居首，其次为上海浦东机场，具体如图 3-5 所示。

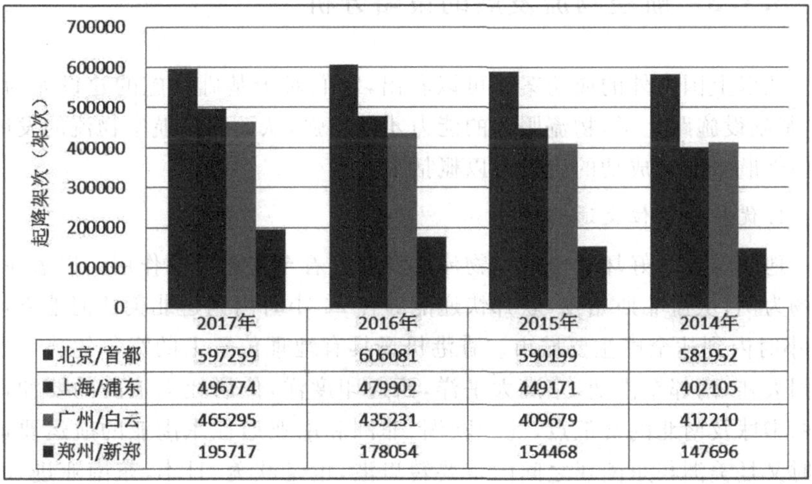

	2017年	2016年	2015年	2014年
■北京/首都	597259	606081	590199	581952
■上海/浦东	496774	479902	449171	402105
■广州/白云	465295	435231	409679	412210
■郑州/新郑	195717	178054	154468	147696

图 3-5　国内五大机场货邮起降架次数对比

数据来源：国际机场协会(ACI)　　国家统计年鉴　　河南省统计年鉴

国内五大机场货邮起降架次数增长速度2014—2017年大多数稳中增加，其中平均增长速度最快的是郑州新郑机场，其次是上海浦东机场，只有北京首都和广场广州白云机场分别在2017年和2015年增长速度为负数，具体如图3-6所示。

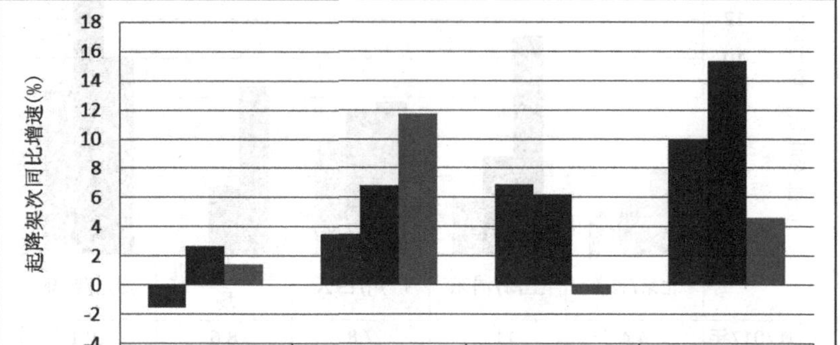

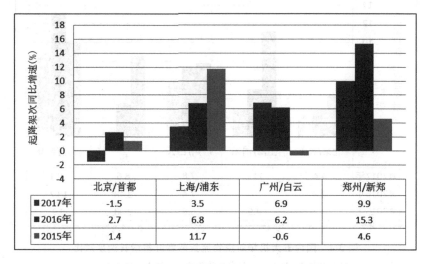

	北京/首都	上海/浦东	广州/白云	郑州/新郑
■2017年	-1.5	3.5	6.9	9.9
■2016年	2.7	6.8	6.2	15.3
■2015年	1.4	11.7	-0.6	4.6

图3-6 国内五大机场货邮起降架次数对比

数据来源：国际机场协会(ACI)　国家统计年鉴　河南省统计年鉴

3.1.3 航空物流发展的策略分析

从以上国内外的成功案例可以看出，它们对于基础设施的建设尤为重视，基础设施跟上了，物流服务的能力才会更强，从而促进航空物流的发展。国内外航空物流成功的启发可以概括为：

1.优越的区位交通条件

地理位置的好坏对于航空物流的发展起着至关重要的作用。以孟菲斯机场为例，从孟菲斯始发，联邦快递能够在24小时内到达北美任何地方，在48小时内到达全球主要城市。香港机场具有地理位置上的竞争优势，北连中国大陆，南邻东南亚，东濒太平洋，西通印度洋，位居亚太地区的要冲，为东西半球及南北的交汇点，处于欧洲、非洲和南亚通往东南亚的航运要道，同时又是美洲与东南亚之间的重要转口港，也是欧美、日本、东南亚进入南中国的重要门户，因此成为国际经济与中国内地联系的重要桥梁，同时位于亚美、欧洲的三角航线上，大型客机从香港起飞可中途不加油直飞世界各主要城市，同时还是澳大利亚、新西兰等南太平洋国家经香港利用北方航线去欧洲的捷径。

2.完善的物流基础设施

航空物流业的发展,是以现代化大型立体仓库和专业化的现代机械设备等硬件设施作为基础的,建立和完善现代化、一体化、专业化、程序化的硬件设施,是实现当前航空物流业发展的必要条件[130]。一方面,应加快物流设施的建设,主要是现代化的仓储设施、货物处理中心、保税物流设施、商务办公设施、基础服务设施及现代化、专业化的机械设备等,实现场内物流设施的合理布局。另一方面,应加快完善地勤交通体系,加快建设机场连接市中心以及主要工业开发区的快速干道,提高进出机场的道路系统建设,逐步形成以机场为中心的发散式的集、疏系统,提高空港物流聚散的效率和能力。

货运基础设施是否完善便捷对于航空货物运输的快速处理至关重要。孟菲斯机场在基础设施建设方面的优势显而易见,完善的基础配套设施为其航空物流的发展提供了巨大空间,机场货物中心附近交通便利,货物可以便捷运出,货物中心建筑设施非常完备,可满足货物处理所有要求,包括运入和运出都非常方便的货物存储间、交叉性码头设计、危险品存储间、冷藏间、木工工作间、公共休息室和接待室以及办公区域和管理室。法兰克福机场建立了海关监管仓库、分拨配送中心、货运处理管理信息系统等现代物流设施,这些都很好地适应了现代物流业发展的需要,使其欧洲货运枢纽的地位更加牢固。

3.以航空港为核心企业的物流服务供应链的协同发展

大型的航空货运公司的入驻是航空物流快速发展和形成物流服务供应链的重要基础。对于货运空港而言,要取得长远发展,必须拥有固定的航空物流来源,这一点孟菲斯国际机场与联邦快递均感触良深。联邦快递成立之初拟将总部设在阿肯色州小石城,但当地政府认为航空物流业的发展前景暗淡,拒绝联邦快递的建议;而孟菲斯国际机场主动以最优质的服务、最优惠的价格向联邦快递提供支持。最终,在孟菲斯国际机场的支持下,联邦快递业务迅速拓展,成为世界最大的快递服务商,而联邦快递庞大的快递物流业务,也为孟菲斯国际机场连续17年位居世界货运机场第一做出了重大贡献。在联邦快递的带动下,DHL、UPS等纷纷与孟菲斯国际机场开展合作,形成物流服务供应链整体协同,进一步促进了孟菲斯国际机场的发展。

一个物流公司成就一个城市,美国联邦快递公司让孟菲斯国际机场成为世界最大的货运机场。美国孟菲斯机场之所以成为世界上最大的航空物流中心,与世界最大的航空物流公司联邦快递将总部和转运中心设在该机场有很大关联。因此,发展航空物流业务应加强与大型物流企业的合作,积极拓展业务范围,提供一流的设施条件,吸引物流企业的加盟;而对航空依赖型物流企业也应尽量将货站靠近空港,使货物地面运输距离最短,方便航空货物及时处理,提高机场运作效率,通过空港和企业的合作,进而实现二者的协同发展[131]。其他国际货运枢纽如法兰克福国际机场、日本关西国际机场也有类似的港企合作、协同发展的经验。目前,郑州航空港经济综合航空港实验区吸引了联邦快递、DHL 等物流企业入驻,美国联合包裹 UPS 也已经签约,只是航空物流服务供应链的影响力和发展水平还不能与孟菲斯相提并论。

4.充足的腹地货源

做大航空物流必须要有充足的航空物流货源。由于航空物流的独特性,对物流货源有严格的选择性。航空物流的主要货源是体积小、货值高、生命周期短、时效性强的高新技术产品、关键零部件、药品及精细化工制品、生鲜食品等。由于这类产品生命周期短,更新速度快,需要高效率的运输方式,这样才能更早抢占市场,从而抢占到更多的市场份额和获取更大的经济效益。因此这类产品绝大部分都是通过高效快速的航空运输,迅速运往世界各地的目标市场[132]。此外,高档品牌时装、大型精密机械等也开始成为航空物流的重要货源。因此,航空货源形成的产业集聚很有必要。

孟菲斯机场因东邻“硅三角”(北卡罗来纳州“三角研究园区”)、南接硅原(达拉斯郊区的电子工业中心)这两大高新技术产业基地,使之获得源源不断的货源而独占世界航空物流业鳌头。仁川机场建立自由贸易区给机场带来了大量货源,带动了航空物流的发展,提高了机场设施的利用率。香港的经济腹地优势突出,拥有良好的内地资源,香港机场所处的珠江三角洲地区是我国经济最发达、发展速度最快的地区,同时也是我国最大的制造业中心,许多高科技成品及配件运输多通过快捷、安全的航空运输完成,这为香港机场提供了雄厚的货源基础[133]。

郑州航空港地处我国内陆腹地,空域条件较好,便于接入主要航路航线,适宜衔接东西南北航线,开展联程联运,有利于辐射京津冀、长三角、珠三角、成渝等主要经济区,具有发展航空物流的独特优势。郑州的很多产业发展态势良好,随着富士康国际进驻郑州航空港区后所产生的连锁效应,以及郑州新郑综合保税区的获批和封港运营,一大批实力雄厚的世界知名企业纷纷抢滩郑州,郑州航空港区呈现出井喷式的发展,货源得到了保证。郑州航空港经济综合实验区要充分利用这些优势产业,扩大它们对于航空运输的需求[134]。如:郑州航空港目前已经发展了电子信息、先进制造业、生物医药以及汽车产业等四大主导产业集群,这些产业的很多原材料和产品如制造业的许多高级设备、生物医药业的生物芯片和提取品、汽车产业的很多零部件等都比较适合航空运输，机场要使这些企业充分了解航空运输的优点以及机场可以提供的优惠条件等，扩大腹地货源。

5.供应链一体化的管理运行模式

机场的运行模式与航空物流的发展息息相关。合理的机场运行模式可以发挥自我调节作用，实现机场的社会效益与经济效益并举，促进航空物流的发展。美国、日本等国的机场管理当局都是非企业性质，仅负责管理飞行区和公共服务业务，而机场商业经营，如货站、候机楼、地勤服务等，都已经实现市场化或私有化。通过公共服务业务和商业经营业务在制度上的有效分离，使社会效益和经济效益得到相对均衡的发展。

东京羽田机场的成功就得益于其独特的供应链管理理念和运行机制，即公共服务与商业经营相对独立，互不交叉、互相支持，利益共赢、和谐发展，促进了机场健康发展。机场的成功带动航空物流的发展，东京羽田机场商业收入的增涨为地方政府加快基础建设和提高公共服务水平提供了充足的资金，机场运输保障能力得到提高，航空货邮吞吐量也大幅提高。我国机场是政府附属机构，没有资金需求的压力，没有核算和创造利润的压力，更重视运行安全、服务正常等公共性服务保障，相对轻视经济利益最大化，在一定程度上阻碍了机场自身扩大发展的步伐，航空物流的发展也会受到影响[135]。

6.优质的航空物流服务供应链的增值服务

现代航空物流服务强调的就是以客户为中心的运营管理理念，服务的精髓是客户至上。因此，现代航空物流企业正积极注意客户关系的建立，完善客户管理体系，以满足客户的需求为首要出发点，提高服务水平，增强企业的竞争能力。在提供航空物流服务过程中，力争为客户选择最合理的运输组合、最佳的装卸搬运、最适宜的包装、最优质的服务、最低的运费。通过对客户进行分级管理、培养客户的忠诚度、为大客户提供个性化服务及舱位优先预订、关注最有价值客户、解决客户查询的能力、提供仓储、包装、装配等供应链管理增值服务实现客户精细化管理，提升企业价值[136]。

仁川机场在提供优质服务方面已经做到了最好。作为全球机场业的领跑者，仁川机场为往来旅客、驻场单位等机场用户提供了卓越的优质服务。航空公司投资拥有并经营航空物流，同时向货代公司出租设施，这给航空物流提供了便利条件。仁川机场发展航空物流的最大优点在于航空公司能够提供优质顾客服务，航班时段编配灵活，物流服务一体化运作，减少了很多中间环节，而且可以持续投资发展新设施，满足日益增长的物流需求。除此之外，与周边地区机场相比，仁川机场收费较低，有着较大的优势。北京天竺综合保税区“三区合一”政策造就了“一站式通关环境”等优势，广州保税物流特殊监管区实行“境内关外”政策，国内机场为入驻企业的发展提供了便利的条件。浦东机场综合保税区“一个枢纽，五大功能 ”的优质服务定位，其中，“一个枢纽”是，结合把浦东机场建成亚太核心枢纽港的目标，建设与之相配套的保税物流平台，把浦东机场综合保税区建成亚太地区一流的国际空港物流核心枢纽；“五大功能”是，国际快递中心功能、国际中转中心功能、物流增值服务功能、国际贸易及展示功能、国际商务功能。目前，郑州航空港经济综合航空港实验区已建有综合保税区，设有退税资金池，应该坚持持续创新，引领高品质服务，通过服务理念创新打造成以客户为中心的航空物流基地。

根据以上分析，在六个方面的优势策略中，物流服务供应链各节点企业的协同发展是提高航空物流服务供应链的核心问题，信息共享能从总体上提高物流服务链的整体效益。

3.2 整体信息共享水平低

3.2.1 信息化建设现状

为了了解航空港整体信息化水平，对航空港及其附近其他企业的员工等通过实地调查、电话访谈及在港区网、航空港 ONLINE 等微信公众号论坛进行了调查。

(1)对航空港信息化建设状况的认知调查，具体如图 3-7 所示。

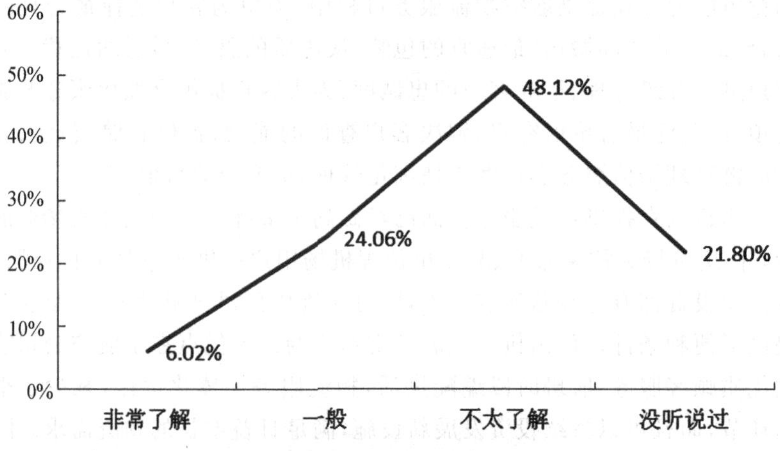

图 3-7 对航空港信息化建设状况认知结果

(2)对航空港正逐步实施的信息基础设施建设的感知调查,具体如图 3-8 所示。

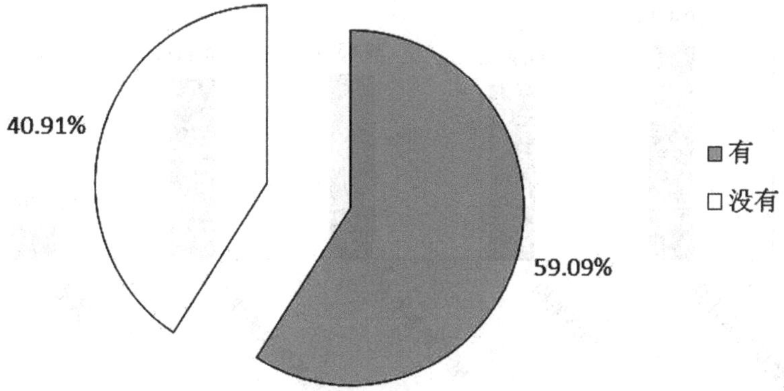

图 3-8　对航空港正逐步实施的信息基础设施建设的感知结果

航空港信息化发展致力于建设全面网络化、高度信息化、深度智能化的新一代信息基础设施,因此,航空港正逐步实现光网覆盖率 100%,无线宽带信号覆盖城区所有空间,实现城市运行自动化监测,行政事务全部网上办理以及社区信息服务的全覆盖等信息基础设施建设。

(3)对航空港航空物流服务链提出"核心企业"概念的认同的调查。

为更好地整合航空物流服务链,以降低服务成本,及时响应客户需求,产生规模效益,航空港提出了一个"核心企业"的概念,即其他企业服务中心企业的驱动发展模式,具体如图 3-9 所示。

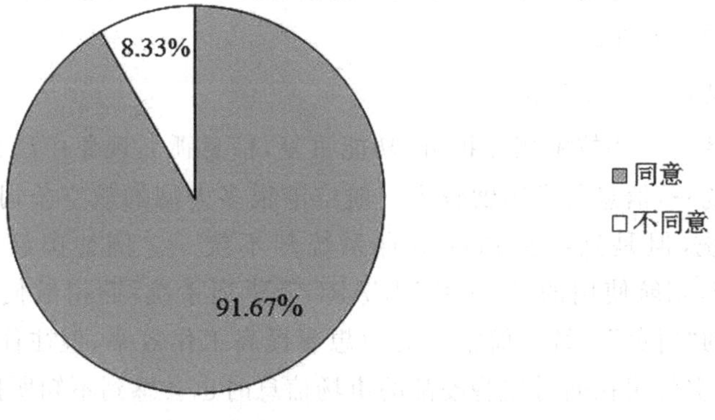

图 3-9　对航空港航空物流服务链提出"核心企业"概念的认同结果

(4)对航空港信息化建设需要加强和改进的认识的调查,具体如图 3-10 所示。

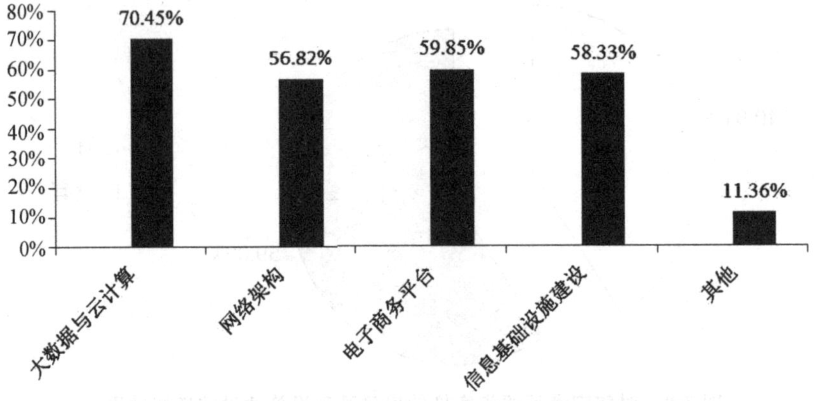

图 3-10 对航空港信息化建设需要加强和改进的认识结果

以上调查统计结果显示航空港信息化建设基础较薄弱,有待继续完善与发展。尤其是需要充分利用大数据与云计算加强航空港信息基础设施建设。

3.2.2 信息平台建设滞后

目前,虽然有很多物流企业进驻到航空港,并注入了大量资金,但是航空港并没有建立或引进一个公共的物流信息平台,来为数量庞大的物流企业服务。使航空港航空物流服务链上的企业无法实现信息共享,其表现主要为以下两个方面。

1. 信息孤岛广泛存在

航空港内一些技术相互抵触,功能重复,信息孤岛现象广泛存在,管理无法实现统一,信息共享难度较大。航空港很多大型的航空公司都有自己的信息系统,但是这些公司的信息系统却不统一。例如国航使用的是 SITA 系统,东航使用的是 SUPERCARGO 货运系统,而南航使用的则是自主研发的"唐翼"系统。航空港努力想要提高工作效率,但往往最后会适得其反,航空公司在面对这些凌乱的市场信息时也会感到不知所措,没有办法得到全面而准确的市场信息,无形中增加了营运的风险。

2. 陆运信息和空运信息没有良好对接

航空物流服务链大致可以分成两部分,第一部分是陆上操作过程,涉及的企业主要有货代企业,陆地运输公司以及货站服务公司。第二部分是空中操作过程，涉及的企业主要是航空公司，这就意味着会发生两部分的信息流动，目前航空港还未将陆上信息与空运信息进行良好的对接。因此造成了诸多不良后果，比如重复操作、货物流动信息无法同步及严重的投机取巧行为等。

综上，如果航空港没有一个统一的物流公共信息平台，航空公司、货代、机场等都有自己的信息系统，这种状态下航空港的信息资源无法实现共享，物流信息形成断层，无法有效传递。不仅如此，在航空港入驻的国内外航空公司中，只有少数航空公司可以跟货代直接沟通，其他航空公司则无法与货代直接开展工作，需要经过机场的参与[137]。

3.2.3 信息化水平低

航空港信息化水平低，具体表现及原因如表3-3所示。

表3-3 航空港信息化水平低的表现及原因

信息化水平低的表现	现状	原因
基础设施薄弱	缺乏自动化搬运、分拣等现代化物流设备	相关技术成本较高，缺乏资金支持
物流信息技术落后	需许多人工加入才能完成一些物流操作	许多现代信息技术，如条码、射频技术等，都处于学习和起步阶段
航空物流信息平台的建设不够完善	航空公司、货代、货站等仍没有一个公共的信息平台	新郑机场的货运系统等用的管理软件版本落后
信息服务可视化水平低	目前航空港信息服务可视化未全面展开	未建成核心数据库，缺乏多方合作与资金支持
信息共享度低	机场与海关、商检、航空运输公司等的信息无法对接共享，物流信息交换存在断层	目前航空港的许多信息系统都相对独立、系统不兼容，未建成一个统一的信息平台

目前，在部分航空港的综合保税区、跨境电子商务的电子口岸等相关配套设施虽已建成，但信息化水平低仍然是限制航空港发展的瓶颈。航空港仍要加快推进信息网络技术的广泛建设与运用。

3.2.4 信息共享度低的后果

1. 信息沟通效率低

航空港航空物流服务链主要有发货人、航空货代企业（以下简称“货代”）、地面运输企业、海关、机场货站（以下简称“货站”）、航空公司等成员。从航空货运流程来看，主体一般包括：托运人、物流外包商（3PL）、货代、机场、航空公司、目的地货站、目的地代理公司及收货人。他们环环相扣，一起完成整个航空货运流程。这里主要讨论航空公司、货代、货站三个节点之间的关系，三者之间业务流程具体如图 3-11 所示。

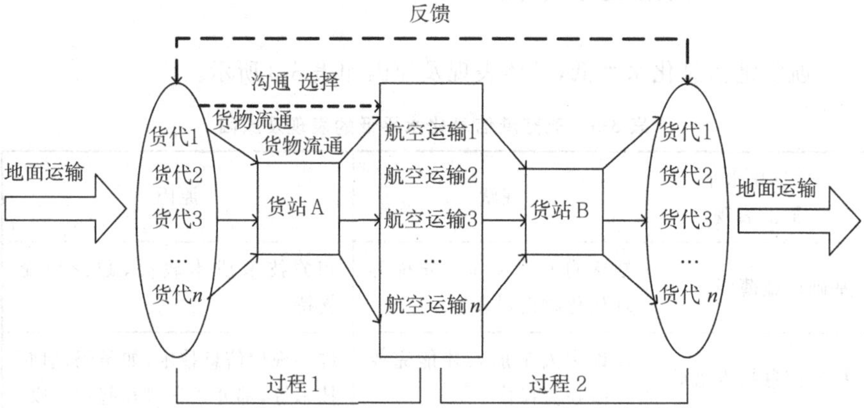

图 3-11 航空公司、货代、货站之间业务流程

注：——→表示货物的流通方向 ┈┈┈→ 表示信息的流通方向

首先，同一单货物在两段过程中的货代是同一企业在不同地区的分布，有其内部的信息沟通反馈方式。其次，航空公司与货代之间又有相应的沟通与双向选择的制度。但是在和货站相关的业务往来中，缺乏有效的沟通：过程 1 中货代把货交给货站 A，领完发货的凭据后就没有通知货物的流通动态的义务；发货的货代再通知异地的货代货物已发，假如过程 2 中的货代想得知货物的动态，经由货站 B 才可能查询，但两个货站和航空公司都不是同一个企业，三者之间外部沟通效率较低。除此之外，航空公司是与货代联系较密切，航空公司只负责在空中的运输，飞机只要一着陆，与货物有关的业务一般均由货站负责，航空公司和货站的沟通也比较少。如果中途有转运的，三家货站之间的沟通效率更低。比如，有时花很多时间和不同货站之间沟通找货物遗失等原因，几乎仍然很难找到原因。

2. 信息资源分散

目前，航空港有一定实力的货代和大部分航空公司均引入或者自己开发出适合自己内部货运模式的计算机处理系统且航空运输管理体制条块分割严重：整个航空物流业务涉及政府职能部门、物流企业、货运代理、服务机构等多个不同类型组织，各组织关联具体如图 3-12 所示。

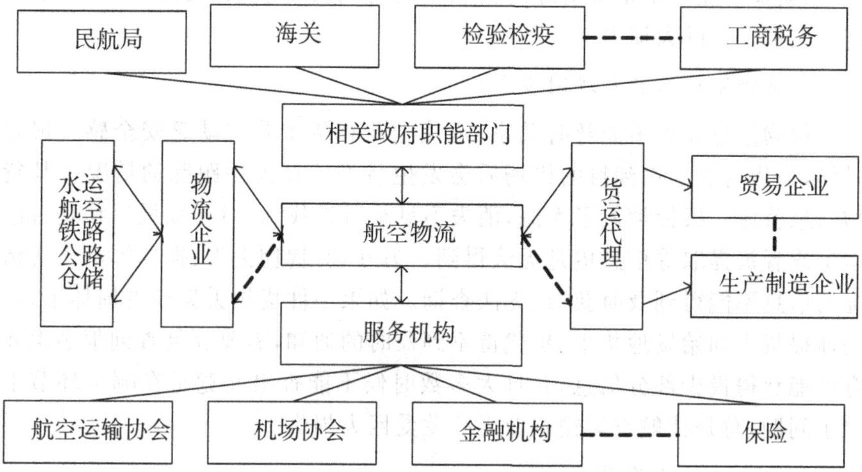

图 3-12　航空物流关联关系

各主体用的技术不一样，设备互相不兼容，不能在大范围实现信息共享，而且有的功能没有完善。航空公司、机场、货代、政府监管等各管一段，以致各运输单位之间以部门利益为主，最终行业内信息无法互联互通，无法实现交换共享。

3. 造成循环重复操作

航空港各公司都已经在自身的信息系统上投入了大量的资金。但是由于各公司的业务范围各不相同，业务流程千差万别，所需要的市场信息也不一样，导致各个公司信息系统的功能难以达成统一，不同信息系统之间无法实现良好对接，信息共享难度较大。同时，航空港内各公司为了信息的安全都对自身的业务数据实施严格保密，数据无法进行有效传递，只能对数据进行多次重复录入。另外，航空公司需要与多方进行数据交换，但每处的数据格式可能都不相同，存在重复投入、重复建设、重复操作问题。最为典型的是，航空货代要通过多家航空公司运货，要分别登录多家航空公司的系统，发货和接货均要重新录入货物信息，为此，各货站和货代企业要花钱找人登录货物信息，使利润微薄的航空货运企业雪上加霜。

4.航空货运“信息黑洞”严重

由于货单分离,货物追踪信息不畅通,行业内无法实现货物的跟踪查询功能。货主和货代托运后,如果货主想要了解关于货物运输状态方面的信息,则需要分别登录多个航空公司的相关网站进行查询,才能够获得相关货物的信息,耗时费力且信息可能还不完整,存在缺段、缺件的现象。对货物丢失、损毁情况等不正常情况的信息不能得到及时获取、无处查询,给航空公司也带来了巨大损失。

5.货物流动信息无法同步

货物信息如果不能及时共享,货代企业和货主非常缺乏安全感。很多时候,当货物被运送到目的机场后会发生货物信息无法跟踪的情况。其货物信息就像一根针掉入了大海,消失不见很难被找到,对于该批货物是否已运走或者被提取等信息更是无法得到。另外,对货物丢失、损坏等不正常情况的信息不能得到及时获取、无法查询。如果一件货物丢失或者损坏了,目的地提货人和始发地货主、货代得不到及时的通知,需要反复查询很多次才有可能获得极少部分信息,并且大多数时候不能查出究竟是在哪个环节上出了问题,总是让航空运输企业无故蒙受巨大损失。

6.机会主义行为严重

由于缺乏有力的监管,导致航空港的航空物流企业存在严重的机会主义行为。航空物流服务链由多个节点构成,这种服务链条严重断裂的现象不仅对提高链条的服务质量和运行速度有非常不利的影响,而且还特别容易诱导企业间发生机会主义行为。其主要表现在:货主为了把自己的运输成本降下来,或者成功地将货物向外运出,和其他单位联合起来隐藏货物的准确信息,这样一来不仅使航空公司的工作效率有所下降,还加大了其监督所花费的成本;货代公司一般会拥有多家航空公司的航线及航班信息,他们以此来向货主提供所谓的特殊化服务,赚取更多的利润。这种带有欺骗色彩的投机取巧行为会严重损害航空公司的名誉。除此之外,机场货站服务企业更是利用其职能之便,进行各种违反规定的操作,降低服务水平、服务反应时间过长,严重偏离了服务行业工作的核心。

3.3 制约物流信息共享的因素

信息共享不但可以提高单个企业的利润,而且可以实现航空港整体利益的最大化。但是考虑到风险等因素,企业并不总是乐意共享一些信息,即使有也是微乎其微的一部分。除了风险、安全、技术方面的因素,还有很多原因使成员之间信息共享的意愿低。就算拥有了物流公共信息平台,但是要想让航空港各节点企业接入此物流公共信息平台,并共享自己掌握的信息并不是一件简单的事,其中还有很多阻碍因素制约着各节点企业间实现信息共享。其中企业最担心的问题主要有三点:利润增长无法保证、技术成本投入太大、信息安全无法保障。

3.3.1 信任缺失

成员企业不相信合作企业的诚信度,担心他们会利用自身的信息优势获取更高的回报,有意对自己的关键信息保密,从而在企业竞争中占有信息优势。信任可以更好地增加成员之间信息共享的意愿。所以想让成员之间彼此坦诚,必须先解决彼此之间的信任难题。但因为受企业声誉、交易因素、以往交易满意度等因素影响及整体市场缺乏信任氛围,要使成员之间相互信任并不简单。此外,由于企业有限理性的存在,他们大多选择不相信对方,而是选择保留相关的共享的信息。

3.3.2 利益分配不均

成员共享信息主要是为了取得更多的利益,获取更多的竞争优势,但实际中存在收益分配不均,掌握较多信息的一方会通过价格、数量等方面制定不平等的合约,损害其他成员的利益,破坏信息共享的合作机制。如在航空港航空物流服务链上,首先,货代企业主要共享的是货主的需求信息,但是共享之后带来的利益的增加主要在航空公司,而不是货代。所以,若整体增加的利益分配不公平,货代共享信息的积极性就会更低。其次,在航空物流服务链关系中,通常是核心企业首先提出信息共享的,引导其他成员参与进去。这样一来核心企业就占主动地位,其他成员则处于被动状态。从长远来看,各个成员均可以获得一定利益,但是作为发起者的核心企业,获益更多。其他参与信息共享的成员会因利益分配不均而缺乏真正的主动性,最终会抵触共享信息。

3.3.3 成本投入大

首先,进行信息共享,必不可少的是基础设施方面的投入。而且在硬件设备和软件应用与管理方面均需投资,还需要对人员培训、业务重组等投入。伴随着信息共享度的提高,投入的费用会越来越高。其次,除了有形的资金方面的投资,还有无形的成本方面的开支。信息共享后成员的整体观念也需要改变,成员不能只考虑自己的工作,而是还要考虑到与自己共享信息成员的相关的工作。另外,对于已经共享信息的成员还要对未来可能出现的风险进行防范。这都要成员付出时间与精力,加大了成员的无形成本。

3.3.4 利润增长无法保证

航空物流服务链各节点企业为了在竞争中占据主导地位,往往选择隐藏自己所掌握的信息,他们认为只有在竞争中占据主导地位才能获得更多的利益,所以很多企业为了获得自认为多的利润便选择了不进行信息共享。

目前企业间的信息共享方式主要分为三类:第一类是完全信息不共享;第二类是完全信息共享;第三类是部分信息共享。航空物流各节点企业之间的信息共享都是第一类或第三类。他们并不清楚实现信息共享后到底会不会给企业带来更多的好处,让企业赚取更多的利润。所以他们选择了比较保守的做法。接入公共信息平台原本就要耗费很多资本,如果不能让航空港内航空物流各节点企业清楚认识到进行信息共享要比不进行信息共享能使企业获取更多利润,航空港很难实现各节点企业间的信息共享。

3.3.5 技术成本投入太大

航空港内不是只有一些实力雄厚的大企业大公司,更多的是一些实力单薄、资金链脆弱的中小型公司。实力雄厚的大公司当然会在技术方面有很多的投入,尤其是在信息化技术方面,他们几乎都拥有自己的信息平台。但是一些中小型企业并没有太多的资金投入到技术的提升当中去,尤其是信息化方面的技术,更不要说自己拥有信息平台了。

要想实现试验区的信息共享,就需要各节点企业将自己的信息平台对接到物流公共信息平台当中,由于构建平台时采用的技术手段不同,所以让本来就困难重重的对接工作变得更加不易。没有平台的企业要构建平台,有平台但是技术不一致的还需要对原有平台进行改造。这样一来便大大提高了各节点企业的技术成本。所以大多数企业宁愿选择不进行对接,放弃这个机会,也不愿意投入过多的技术成本。

3.3.6 信息安全无法保障

企业掌握的私有信息可以说是一个企业的命脉,关系到企业的生死存亡,现在要让企业将如此重要的信息在公共物流信息平台上进行共享,无疑是一件特别危险的事情。加入公共信息平台的企业数量巨大,难免会有一些企业通过泄露其他公司的信息来获取利润。万一发生信息泄露,将会给共享信息的企业造成巨大的伤害,让企业蒙受巨额损失。有时候,企业为了在竞争中使自己受益会故意共享一些虚假信息,而接收到虚假信息的企业在决策时利用的是虚假信息,会导致决策的失误,由此给企业带来巨大损失。

因此,如果平台中信息的安全性和准确性的问题得不到保证的话,各节点企业随时会因为信息的问题而承受巨大损失,就这一点便很难让企业跟公共信息平台进行对接。

从上面的分析可以看出目前航空物流供应链信息共享度较低,客观方面是由于信息化水平较低,缺乏统一的信息平台,主观方面是由于航空物流服务供应链个别成员信息共享的意愿较低。

3.4 多式联运现状

多式联运作为一种集约高效的运输组织方式,能够充分发挥各种运输方式的比较优势和组合效率,对于推动交通运输行业转型升级、支撑经济提质降本增效意义重大,尤其是加快国际多式联运发展,推动物流行业降本增效,是建设“一带一路”、扩大对外开放的重要抓手。

目前,中欧班列运行线路达到57条,国内开行城市34个,到达欧洲12个国家34个城市,2016年1至9月,中欧班列开行2489列,同比增长121%,已成为国际知名的物流品牌[138]。我国多式联运占整个货运量的比例不到2%,有的时候占2%多一点,而欧美发达国家的这个数据有30%、50%和80%的不等[139]。和航空运输对接的铁路集装箱运输总量偏低,整体结构不合理。铁路集装箱运量仅占铁路货运量的5.4%,远低于发达国家铁路30%～40%的水平,铁路集装箱运输占沿海港口集疏运比例较低[140]。货物运输平均距离航空最大,但效率不高,航空港物流产业从技术指标上考虑,还有很大的进步空间,因此要多学习国内外的经验,努力提高航空港物流产业水平,具体如图3-13所示。

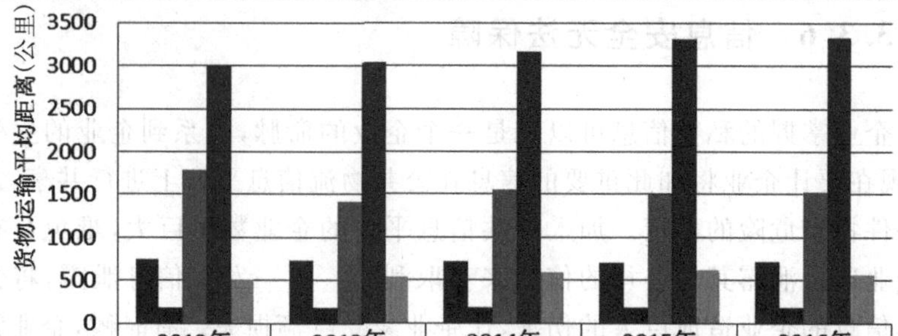

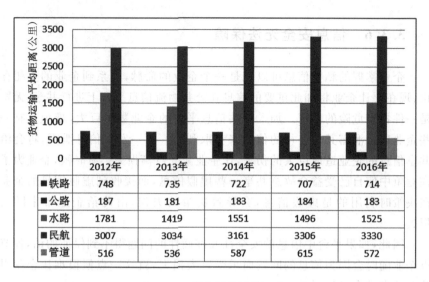

	2012年	2013年	2014年	2015年	2016年
■铁路	748	735	722	707	714
■公路	187	181	183	184	183
■水路	1781	1419	1551	1496	1525
■民航	3007	3034	3161	3306	3330
■管道	516	536	587	615	572

图 3-13　货物运输平均距离

数据来源：中国统计年鉴

目前，航空港物流发展取得一定的进展，但航空物流服务供应链的总体效益还比较低，尤其是供应链各节点企业信息共享程度及质量还比较低，信息孤岛大量存在，多式联运衔接不畅，这严重影响了航空物流服务供应的整体效率。本书将通过分析航空港建设与当地经济区发展关系，论证航空港的发展将会带动当地经济区的发展；统计分析航空港物流基础资源配置情况，服务供应链各节点企业通过物流信息平台实现信息共享，提高信息共享的程度和质量，整合优化多式联运运输结构，推行低碳运输，从根本上提高航空物流服务供应链的整体效率与效益。

第4章　基于系统动力学的航空港建设与区域经济发展关系

运用系统动力学分析航空港的建设对区域经济发展的影响，论证航空港的建设有助于区域经济的发展，进一步调整航空港的发展战略和优化航空物流服务供应链，最终提高航空港物流的整体效率。

4.1　航空港与区域经济因果回路分析

4.1.1　因果关系图绘制原则及步骤

在一张因果回路图中，有很多变量，一个变量与另一个变量间的关系是由表示因果关系的箭头表示的，而因果链则由箭头表示。每一条因果链都是有极性的，有的为正(＋)，有的为负(－)。在这种极性里，如果独立变量发生变动，相关的另一个变量也会发生相应的变动。对于十分重要的回路，应该用标识符个别标出来，以展示出它所表示的是正反馈(加强型)还是负反馈(平衡型)。回路标识符与相关的回路要朝同一个方向绕圈。回路图上的因果链中的极性描述了系统的结构，它们并不具体描述变量的行为(它们描述的是如果发生一种变化将会出现什么样的结果，但并不确定变化会真正的发生)。

1. 因果关系图的绘制原则

(1)在因果回路图中，每一个链条都必须代表变量与变量间存在的因果关系，而不是二者间的相互关系。

(2)必须要为因果回路图中的每一个因果链标注极性。使用图 4-1 来判断因果链是正还是为负。

(3)判断因果回路的极性。判断因果回路正、负的办法是查看因果回路中负因果链的数量。如果负因果链的数量是一个偶数，为正，反之，则为负。

符号	解释	数学公式	例子
$X \xrightarrow{+} Y$	在其他条件相同的情况下，如果X增加（减少），那么Y增加（减少）到高于（低于）原所应有的量。在累加的情况下，X加入Y	$\partial Y/\partial X > 0$ 在累加的情况下 $Y = \int_{t_0}^{t}(X + \cdots)\,ds + Yt_0$	努力 →(+) 结果 产品质量 →(+) 销售量
$X \xrightarrow{-} Y$	在其他条件相同的情况下，如果X增加（减少），那么Y减少（增加）到低于（高于）它原所应有的量。在累加的情况下，X从Y中扣除	$\partial Y/\partial X < 0$ 在累加的情况下 $Y = \int_{t_0}^{t}(-X + \cdots)\,ds + Yt_0$	产品价格 →(−) 销售量 死亡速率 →(−) 总人口数

图4-1　因果链极性：含义、公式和例子

(4)命名回路。在实际应用中,常常发现因果回路图很复杂,很容易使观者迷失在回路网络里,因此应该对每一个回路给出一个数字和名字,例如用 R1 表示一个回路。

(5)标注出因果链条中的重要延迟。延迟在动态的产生过程中是十分重要的,它会使系统产生惰性,从而很有可能导致振荡,并且很多时候使政策的短期效果和长期效果刚好相反。在因果回路图中需要包括对动态假设意义重大或对所研究的时界来说很显著的延迟。

(6)因果回路中的变量应当是名词或者名词短语,要有清晰的方向,要选择从常规意义上方向为正的变量名。

(7)选择合适的概括程度。因果回路图被用来勾画动态假设的反馈结构,它们并不需要将模型描述到数学公式这样的详细程度。带有太多的细节,将使我们很难看到总的反馈回路结构以及不同回路如何交互,而太少的细节会使别人很难理解其中的逻辑并怀疑模型的合理性和现实性。

(8)不要将所有回路放入一个大图。将一个复杂因果回路图一次表达出来,会使人们很难识别回路、理解何者重要,或去理解它们如何产出动态,对于将所有回路放入一个总图的诱惑,我们必须要抗拒。

(9)明确指出负回路的目标。正常情况下,负反馈回路均有其各自的目标。目标,是期望系统达到的一种状态,所有的负回路通过把实际状态同目标状态进行比较得出差异,然后利用对差异的修正发挥作用,所以应该明确表示出负回路的目标。

(10)分清实际状况和察觉到的状况。事物的真正状态和系统中行动者察觉到的状态之间有巨大的差别,报告和测量过程可能引起延迟,也可能出现噪声、测量错误、偏见和扭曲。因此必须分清实际和察觉到的状况,尽量避免失真。

2.因果回路图的绘制步骤

(1)分析其原因。利用头脑风暴法等方法,综合分析所涉及问题的各种影响原因(因素),避免有所遗漏。

(2)列出重要变量。根据上一步所分析的各种影响因素,根据已学知识和常识分析得出其中的重要和关键性变量,并枚举出来。

(3)制作因果回路图。对上一步所列出的重要变量进行分析综合,利用 Vensim 软件绘制出所需要的因果回路图。

(4)对因果回路图进行总结性分析。通过对上边制作的因果回路图的观察和比对,得出所需要的依据,并下结论。

4.1.2 关系变量

影响一个国家或者地区经济发展的因素不胜枚举，可以分为自然地理因素和社会经济因素。而伴随着区域一体化和经济全球化趋势不断加强，由此带来的结果是社会经济因素在全体因素中所占的比重愈来愈大。根据经济发展的区位因素，利用头脑风暴法，可以得出本书所研究的影响区域经济发展的关键性变量，其中主要包括：科技水平、交通状况、劳动力水平（包括数量和素质）、资源状况、产业结构等。

1. 科技水平

马克思曾经指出，科学技术是第一生产力。在科技发展日新月异、经济发展方式正趋于转型的现今情况之下，科技的发展进步更是成为经济得以持续稳定增长的主要推动力量和决定性因素。而航空港建立，吸引了来自国有、私营、外资、中外合资等各种所有制的经济形式，它们在带来雄厚资金的同时，也带来了其行业内最为先进的高新技术，促进了整个区域内的全面技术革新。而技术的不断发展也促进了区域经济的迅速转型和经济结构的不断优化。

2. 交通

交通因素对于一个地区经济的影响众所周知。正如 18 世纪之港口于经济、19 世纪之铁路于经济、20 世纪之高速公路于经济一样，21 世纪的机场建设为城市经济和社会发展又注入了新的活力。而航空港在国家和地方相关政策的支持之下，逐步形成立体化的交通格局：形成立体路网，扩建机场，航空港促进多式联运体系，铁路、公路、机场联合建立，以上这些均为区域经济发展提供了强大力量。

3. 劳动力

劳动力是指可以从事劳动的人，劳动力的数量和素质都会影响到一个国家或者地区的经济发展水平。劳动力的迁徙和转移都会对迁入地经济起到一定的或积极或消极的作用，诸如促进迁入地的经济发展、拉动迁入地的消费增长，而高素质劳动力的增多和结构优化会带动整个地区的科技发展、经济发展方式的转变和产业结构的升级。航空港的建立在吸引企业入驻的同时，也带来了数目惊人的就业机会，从而吸引了各地劳动力的迁进，与此同时高素质劳动力也在不断地涌入。例如，据有关媒体报告称，河南先后引进了国外专家 618 人次，现在正在筹建航空港区引智试验区，广州白云机场也先后引进国内外大量专家参与航空港的建设。

4. 资源

资源对经济的发展有重要的支撑作用，没有充足的资源作保障，经济的发展难以持续、健康、快速。而本论文中所提到的资源，则主要是自然资源，如矿产资源等。我国的自然资源地区分布十分不均衡，人均资源占有量远远低于世界平均水平，而中原区地处内陆，人口密集，资源总量和人均占有量都在制约着中原区经济的发展。然而航空港的建立除了影响科技、交通、劳动力的数量和质量、产业结构等因素之外，还促进了相关资源的调入，为区域经济发展奠定坚实基础。

5. 产业结构

目前我国产业结构亟待优化升级，曾经高度重视工业制造业，轻视农业和服务业的观念必须要摒弃掉。建设航空港，产业是核心，是基础，也是目的。争取航空港产业投资基金获得国家相关部门的批复，航空港成为区域经济结构转型、产业结构升级的战略突破口。航空港建立可以吸引众多"高、精、尖"制造业和现代服务业的集聚，以此带动区域经济中一大批产业的转型，也促进了产业结构的大调整。

6. 投资

"兵马未动，粮草先行"，形象生动地说明了资金的重要性。同样，资金对于经济的发展也有着举足轻重的地位。随着航空港的开发建设，各行各业纷纷将资金投入本区域。例如，据统计，郑州航空港 2015 年 1—2 月航空港投资增长超四成，3 月，郑州正威智能终端产业园开工，总投资达 250 亿元；5 月，中国移动数据中心落户投资，总投资额 45 亿元。航空港的建设吸引了来自各界的青睐关注，各类产业纷纷投资建厂、服务点，由此所带来的各项投资极大地促进了区域经济的发展。

4.1.3　因果回路图

1. 因果回路图

航空港与区域经济发展的因果回路具体如图 4-2 所示。

图 4-2 的因果回路图包含 12 条因果链。"→＋"表示正因果链，即箭头指向的变量会随着箭头前段变量值的增加而增加。因果链构成了反馈环，图中的 12 条因果链共形成 6 个反馈环：

(1)航空港的开发建设→＋交通→＋资源→＋航空港的开发建设(正反馈环)

(2)航空港的开发建设→＋交通→＋投资→＋航空港的开发建设(正反

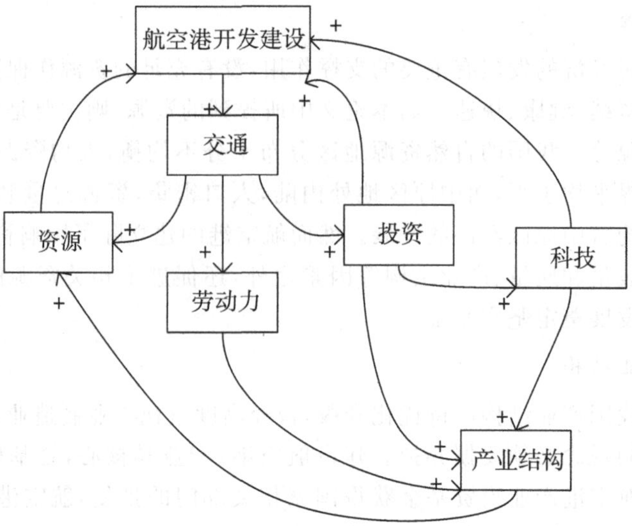

图 4-2 因果回路

馈环)

(3)航空港的开发建设→+交通→+投资→+科技→+航空港的开发建设(正反馈环)

(4)航空港的开发建设→+交通→+投资→+科技→+产业结构→+资源→+航空港的开发建设(正反馈环)

(5)航空港的开发建设→+交通→+投资→+产业结构→+资源→+航空港的开发建设(正反馈环)

(6)航空港的开发建设→+交通→+劳动力→+产业结构→+资源→+航空港的开发建设(正反馈环)

2.因果回路图分析

通过观察上图,分析得出,航空港的建设和发展对科技水平、交通状况、劳动力数量和素质状况、资源状况、产业结构状况等相关因素都具有因果联系,且这种表现出来的影响均是正相关的,而科技水平、交通状况、劳动力数量和素质状况、资源状况、产业结构和投资状况等上述5个因素的变化又与航空港的建设和发展存在正相关的因果联系;科技水平、交通状况、劳动力数量和素质状况、资源状况、产业结构状况这些因素彼此之间又是互相影响的,例如在科技水平和产业结构之间,科技能够促进产业结构优化升级,产业结构的调整又需要行业内的技术革新,为科技发展提供内需力,因此二者之间存在着正相关的因果联系;科技水平等上述5个因素又对区域经济发展具有因果联系,而区域经济的发展与科技水平等5个因素之间同样存在着因果联系。

根据因果回路图和上述分析，得出：航空港的开发建设和不断成熟能够促进科技水平、交通状况、劳动力数量和素质状况、资源状况、产业结构状况的改善，而科技水平等5个因素的相互影响和各自发展又能促进区域经济的发展。因此，可以得出以下结论：航空港的开发建设能够推动区域经济的发展，与此同时，区域经济的发展也能够反过来促进航空港的建设和发展。

4.2 实证分析

根据以上构建模型，以郑州航空港建设与中原经济区发展关系做实证分析。

航空港的建设对中原经济区的经济发展有理论上的影响作用。对比航空港建设前后的几年中原经济区的主要经济数据，证实航空港的建设对中原经济区的经济发展有实际的影响作用。要研究中原区经济的发展状况，必须从三大产业入手。

根据我国国民经济行业分类方法，三大产业划分标准如下：第一产业是指农业，第二产业是指工业和建筑业，第三产业是指除上述第一、二产业以外的其他各业。因此下面从航空港建设对农业发展的影响研究、航空港建设对工业发展的影响研究、航空港建设对服务业发展的影响研究三个方面入手，研究航空港建设对中原经济区经济发展的影响。

4.2.1 航空港对农业发展的影响

依据经济发展规律，农业是三大产业之一，是国民经济的基础，它的发展能够进一步为工业化和城市化提供前提，为全面建成小康社会、实现社会主义现代化和中华民族的伟大复兴奠定坚实的根基。因此我们研究中原区经济发展有必要研究区域内农业的发展状况。

中原经济区涉及7个省份，下含28个市，以河南省为主体功能区。我们要研究中原区农业发展状况可以以河南省农业为例。今年来，河南省农、林、牧、渔业生产保持连年丰收，农业结构调整成效明显，农村生产、生活条件继续改善。因此，本书选择河南省粮食种植面积、面积增长率，肉类总产量、产量增长率，禽蛋产量、产量增长率，牛奶产量、产量增长率，油料种植面积、面积增长率等10个数据作为主要的研究指标，节选了2009年、2010年、2011年、2012年、2013年、2014年六个年份作为时间点，运用表格、图形等对河南省农业近年来发展情况做出简要分析。以上变量及数据绘制成图、表，如表 4-1、图 4-3、图 4-4 所示。

表 4-1 2009—2014 年河南省农业发展状况

项目	2009 年	2010 年	2011 年	2012 年	2013 年	2014 年
粮食种植面积（千公顷）	9683.61	9740.17	9860.00	9985.15	10081.81	10209.83
面积增长率（%）	0.9	0.6	1.2	1.3	1.0	1.3
肉类总产量（万吨）	620.1 万吨	638.38 万吨	624.6 万吨	659.9 万吨	681.80 万吨	703.50 万吨
产量增长率（%）	6.1	3.8	0.4	5.7	3.3	3.2
禽蛋产量（万吨）	382.9	388.60	390.5	404.2	410.20	404.00
产量增长率（%）	3.0	1.5	0.5	3.5	1.5	1.5
牛奶产量（万吨）	281.9	290.9	306.6	316.1	316.4	332.00
产量增长率（%）	1.0	3.2	5.4	3.1	0.1	4.9
油料作物种植面积（千公顷）	1541.22	1564.12	1578.91	1573.63	1589.93	1598.21
面积增长率（%）	1.5	1.5	0.9	—0.3	1.0	0.5

注：数据均来自河南省统计网

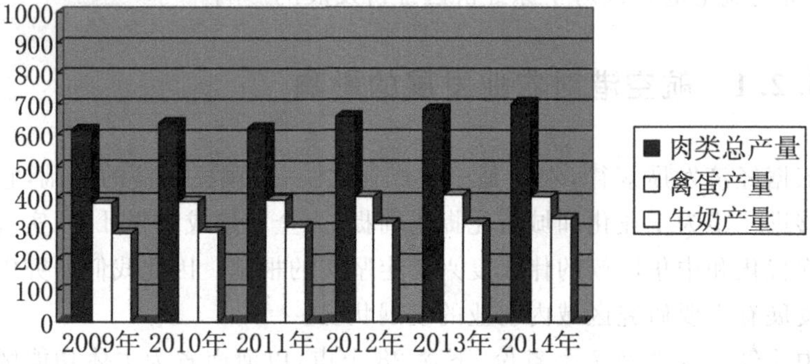

图 4-3 2009—2014 年河南省农业部分数据

由表 4-1、图 4-3、图 4-4 可知，近年内河南省农业是稳中有增的，且六年内增长速度虽有波动，但总趋势是上升的。随着航空港的不断建设和发展，国家一系列政策的下达极大地鼓励了农民种植积极性，使得粮食种植面积、油料种植面积增长速度不断提高；同时农业机械化等因素的发展促使粮食产量也得到同步增加；由于区域内经济的发展、人民生活水平的提高、冷藏技术的提高、交通的发达等各种因素使得肉类总产量、禽蛋产量、牛奶产量等不断

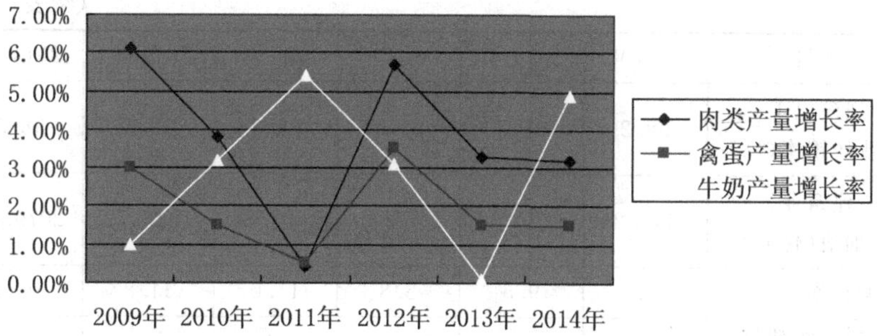

图 4-4　2009—2014 年河南省农业部分数据增长状况

提高。

4.2.2　航空港对工业发展的影响

工业在国民经济中起主导作用，是国民经济中一个十分重要的物质生产部门。工业的主导作用主要表现在它为国民经济各部门提供先进的技术装备，是国民经济各部门进行技术改造的物质基础，为国民经济各部门提供能源、原材料；为满足人民生活需要提供各种生活消费品；是国家积累的主要源泉；也是一个国家加强国防的重要条件。因此我们研究中原区经济发展有必要研究区域内工业的发展状况。

研究中原区工业发展状况可以以河南省工业为例。近年来，河南省工业发展迅速，工业的结构调整稳步推进，工业的经济效益大幅度提高，建筑业也保持了一个较快的速度增长。因此，本书选择河南省全部工业增加值、增长率，规模以上工业增长率、规模以上工业产销率，建筑业增加值、增长率，全省资质等级的建筑企业利润总额、增长率等 8 个变量作为主要的研究指标，节选了 2009 年、2010 年、2011 年、2012 年、2013 年、2014 年作为时间点，运用表格、图形等对河南省工业近年来发展情况做出简要分析。以上变量及数据绘制成图表，如表 4-2、图 4-5 所示。

表 4-2　2009—2014 年河南省工业发展状况

项目	2009 年	2010 年	2011 年	2012 年	2013 年	2014 年
全部工业增加值(亿元)	9858.40	11950.82	14401.70	15357.36	15960.60	15904.28
增长率(%)	11.4	15.4	16.1	11.8	9.9	9.5
规模以上工业增长率(%)	14.6	19.0	19.6	14.6	11.8	11.2

（续表）

项目	2009 年	2010 年	2011 年	2012 年	2013 年	2014 年
规模以上工业产销率(%)	98.2	98.3	98.4	98.4	98.5	98.3
建筑业增加值(亿元)	1110.23	1276.02	1485.69	1662.84	1845.79	2079.36
增长率(%)	21.3	9.5	5.8	11.0	11.8	10.4
资质等级建筑企业利润总额(亿元)	115	145	194	230	274	392
增长率(%)	23.8	22.4	19.9	15.2	17.8	25.4

注：数据均来自河南省统计网

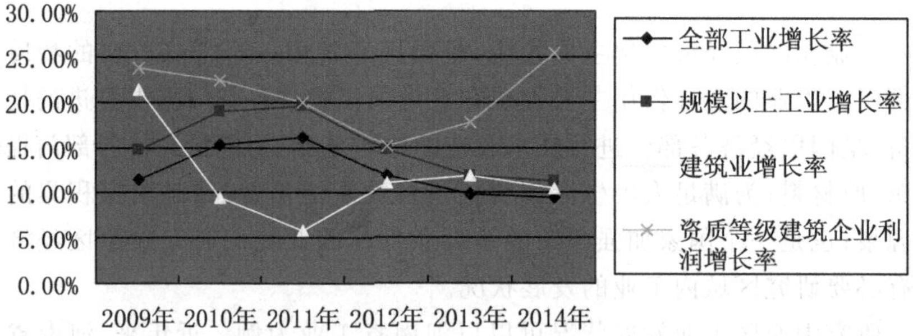

图 4-5 2009—2014 年河南省工业数据

由表 4-2 和图 4-5 可知，近年内河南省工业发展迅猛，且六年内增长速度虽有波折，但总体水平是上升的。随着航空港的不断建设和发展，使得区域内的科技水平、交通状况、劳动力的数量和素质状况、资源状况、产业结构等因素得到改善，再加上国家相关政策的支持，使得河南省的采掘业、制造业、建筑业等一系列行业得到不同程度的发展。从另一个方面看，航空港的建设和发展也使得中原区工业发展方式由粗放转向集约，产业结构得到优化。

4.2.3 航空港对服务业发展的影响

服务业是国家经济发展的新兴产业，在国民经济中所占的比重越来越大，由此看出它在国民经济中占有举足轻重的地位。从世界各国的经济发展中可以看出，服务业的发达程度间接地体现出一个国家的经济发展程度，发达国家诸如美国等国的发展清楚地反映了这一客观事实。由此可见，各国家、各地区也必须逐渐给予服务业更高程度的关注。因此我们研究中原区经济发展有必要研究区域内服务业的发展状况。

研究中原区服务业发展状况可以以河南省服务业为例。近年来，河南省教育事业保持较快发展，科技能力进一步提高，房地产开发运行平稳，金融、保险、证券事业健康发展，交通、邮电业、通信业快速发展，旅游产业规模不断扩大，文化事业日益繁荣，卫生事业持续发展，体育事业蓬勃发展。航空港的建设对交通邮电、通信的影响最为直接，因此本书首先制作表格反映河南省交通、邮电、通信发展状况，以铁路通车里程、高速公路通车里程、交通、邮电通信业实现增加值(率)、货物周转增长率、旅客周转增长率等6个变量作为主要的研究指标，节选了2009年、2010年、2011年、2012年、2013年、2014年六个年份作为时间点，运用表格、图形等对河南省工业六年来交通、邮电、通信发展情况做出简要分析。以上变量及数据绘制成图表，如表4-3、图4-6所示。

表4-3 2009—2014年河南省交通、邮电、通信发展状况

项目	2009年	2010年	2011年	2012年	2013年	2014年
铁路通车里程(公里)	3926	4224	4203	4822	5165	4874
高速公路通车里程(公里)	4860	5016	5196	5830	5858	5859
交邮通增加值(亿元)	859	934	996	1059	1309	1614
增长率(%)	7.4	13.1	10.0	5.6	5.7	3.4
货物周转增长率(%)	18.3	16.1	18.6	11.4	9.7	3.2
旅客周转增长率(%)	8.1	11.9	10.4	5.5	8.3	18.7

注:数据均来自河南省统计网

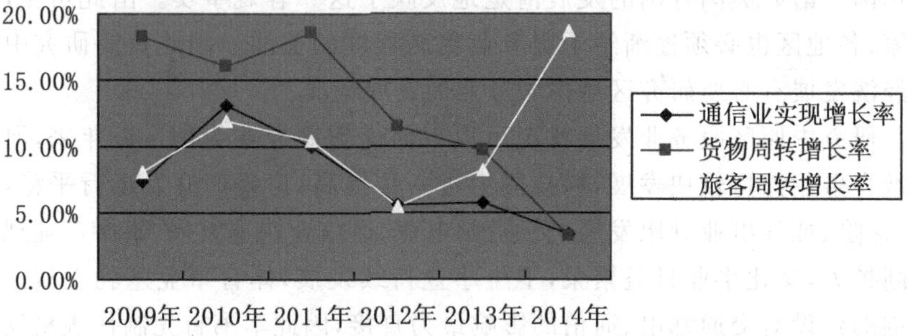

图 4-6　2009—2014 年来河南省交通、邮电、通信增长速度

由表 4-3 和图 4-6 可知，六年内河南省交通、邮电、通信行业快速发展，增长率总体上是上升的。随着航空港批准建成一年后，使得交通、邮电通信业实现增加值、货物周转、旅客周转等因素的发展状况均得到改善，尤其是旅客周转情况，呈现稳步上升的发展趋势。

根据以上分析，航空港的建设的确给河南省交通、邮电、通信行业带来了发展机遇，那么对于房地产业、旅游业、金融、保险、证券行业、科技等相关行业又会产生怎样的影响呢，见表 4-4、表 4-5、表 4-6、表 4-7、图 4-7、图 4-8、图 4-9 所示。

表 4-4　2009—2014 年河南省房地产业发展状况

项目	2009 年	2010 年	2011 年	2012 年	2013 年	2014 年
房地产投资（亿元）	1554	2114	2620	3035	3844	4376
增长率（%）	28.8	36.2	23.9	15.6	26.6	13.8
施工面积（万米^2）	16074	20394	25281	29559	35979	38858
增长率（%）	15.6	26.9	24.0	16.6	21.7	8.0
竣工面积（万米^2）	3401	4427	5307	5871	5966	7324
增长率（%）	12.4	30.2	19.9	6.2	1.6	22.8
商品房销售面积（万米^2）	4337	5452	6304	5968	7310	7880
增长率（%）	35.9	25.8	15.6	−4.9	22.5	7.8

注：数据均来自河南省统计网

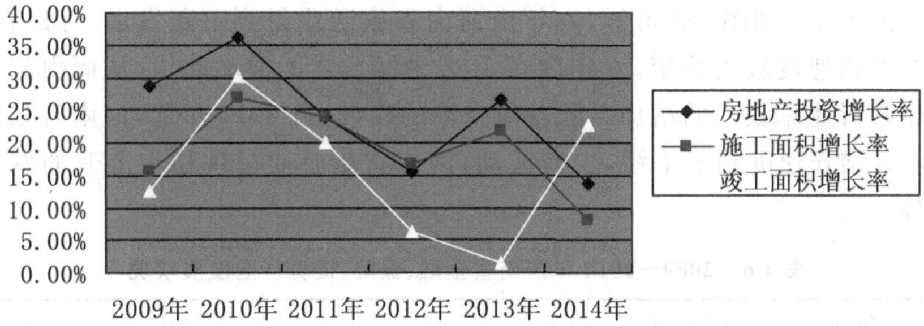

图 4-7 2009—2014 年河南省房地产业增长状况

由表 4-4 和图 4-7 可知，六年内河南省房地产行业发展迅速，增长趋势在波动中上升。随着航空港批准建成一年后，使得房地产投资和施工面积增长速度由下降转向上升，竣工面积的增长速度在一年后也随之得到上升，且速度空前。由此带动整个房地产行业得到迅猛发展。

表 4-5 2009—2014 年河南省旅游业发展状况

项目	2009 年	2010 年	2011 年	2012 年	2013 年	2014 年
接待海内外游客（万人次）	23438	25469	30700	36300	41100	45800
增长率(%)	17.0	17.6	19.0	18.0	13.2	11.6
旅游总收入(亿元)	1985	2295	2802	3364	3876	4366
增长率(%)	24.7	15.6	22.1	20.1	15.3	12.7
A 级景区(处)	185	213	253	267	313	327
星级酒店(个)	529	536	503	566	575	557
旅行社(家)	1045	1139	1101	1133	1148	1167

注：数据均来自河南省统计网

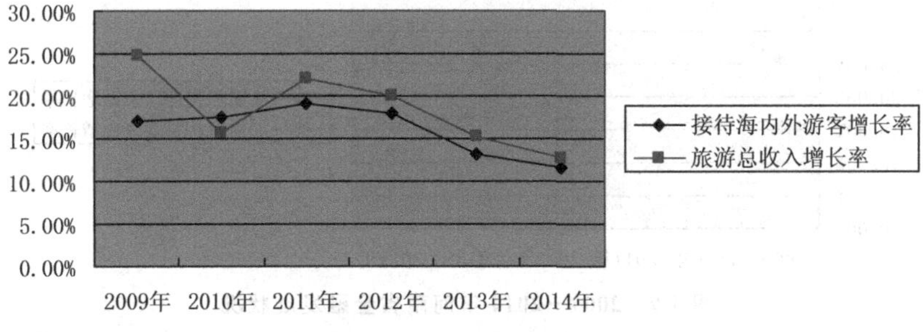

图 4-8 2009—2014 年河南省旅游业发展状况

由表 4-5 和图 4-8 可知，六年内河南省旅游业得到不断发展。海内外游客增长速度较为稳定，六年内在 10%～20%之间波动起伏，从而引起整个旅游行业总收入的增加。随着航空港的建设，自 2011 年起，河南省旅游总收入增长速度趋于平缓，少有波动，河南省旅游业呈现稳步上升的发展趋势。

表 4-6　2009—2014 年河南省金融、保险、证券行业发展状况

项目	2009 年	2010 年	2011 年	2012 年	2013 年	2014 年
金融机构存款余额（亿元）	19175	23149	26646	31649	37049	41375
增长率(%)	25.7	20.7	15.6	18.8	17.1	11.7
金融机构贷款余额(亿元)	13437	15871	17506	20034	23101	27228
增长率(%)	29.6	18.1	11.4	14.4	15.3	17.9

（续表）

项目	2009 年	2010 年	2011 年	2012 年	2013 年	2014 年
保费收入(亿元)	565	793	840	841	917	1036
赔款及给付(亿元)	148	154	171	200	280	324
首发上市企业(家)	5	15	18	4	3	4
通过发行股票、配股募集资金(亿元)	562	751	1034	1167	1831	2235
境内流通股总市值(亿元)	2503	3297	2521	2461	2992	3935

注：数据均来自河南省统计网

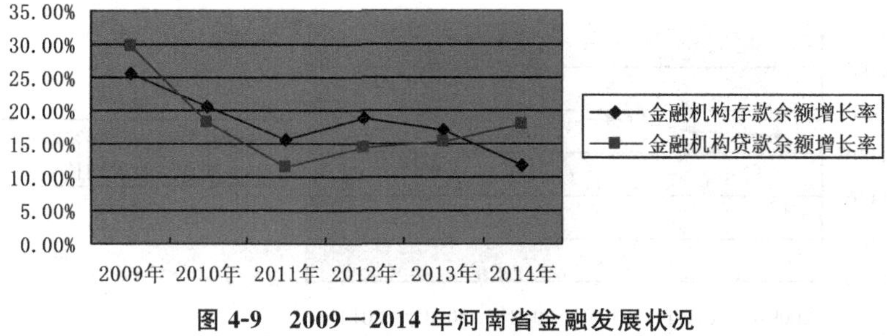

图 4-9　2009—2014 年河南省金融发展状况

由表 4-6 和图 4-9 可知，六年内河南省金融机构存款、贷款余额增长率均在 10%以上。2008 年小型金融危机波及郑州，导致二者增长率连续三年内不断下降，且这种下降一直截止到2011年。航空港批准建立后一年即2011年后，金融机构贷款余额增长率不断上升，存款余额增长率不断下降，这充分说明了航空港建设对河南省金融的促进作用

表4-7　2009—2014年河南省科技发展状况

项目	2009年	2010年	2011年	2012年	2013年	2014年
R&D经费支出（亿元）	149	220	253	299	369	400
增长率(%)	20.1	25.9	20	13.0	18.0	12.0
申请专利(件)	19590	25149	34076	43442	55920	62434
增长率(%)	6.4	28.4	35.5	27.5	28.7	11.6
授权专利(件)	11428	16539	19259	26833	29482	33366
增长率(%)	25.1	44.7	16.4	39.3	9.8	13.2
签订技术合同（万份）	3915	4617	5010	4204	3799	2958
成交金额(亿元)	26.38	27.69	38.76	40.21	41.39	41.64

注：R&D即为研究与试验发展的英文缩写　数据均来自河南省统计网

由表4-7可知，2009－2014年六年内河南省科技不断发展。其中，R&D经费支出数目不断提高，申请专利、授权专利的数量逐年提升，签订技术合同的数目也在不断提高，由此而带来的成交金额逐年上升。上述与科技相关的因素的改善和提高有力地说明了六年间科技的发展。

近年内河南省服务业的发展呈现出惊人速度，且服务业各个方面均有发展，发展较为平衡。随着航空港的不断建设和发展，国家一系列政策的下达促使区域内科技水平不断提高，交通因素得到改善，劳动力数量急剧上升、劳动力素质得到很大程度上的提高，以上这些因素的改善极大地刺激了区域内服务业的发展，诸如教育事业，科技能力，房地产开发，金融、保险、证券事业，交通、邮电业、通信业，旅游产业，文化事业，卫生事业，体育事业等一系列服务业类别得到前所未有的发展机遇，并实现迅猛发展。同样，服务业的发展也促使中原经济区内经济发展方式由粗放型向节约型的转变。

航空港的建设和发展对于中原经济区内农业、工业的影响是不太显著的，然而它却在很大程度上促进了中原经济区服务业的发展，使得三大产业齐头并进，因此也带来了区域内的产业结构的大调整：工、农业在经济中的比重有所下降，而服务业所占比重不断上升。因此，未来在航空港的不断辐

射之下，中原经济区经济发展将有一个较好的态势，经济结构不断优化，经济发展方式实现由粗放型向集约型的转变，使区域内经济又好又快地实现可持续的发展，对中原经济区的建设和发展有着巨大的推动作用。

根据以上结果分析，基于系统动力学的航空港建设与区域经济发展关系分析模型与实际相符，进一步验证了模型的可靠性。

第5章　基于系统聚类法的物流资源配置状况分析

物流基础设施是发展物流业的物质载体，是提高物流整体效率、建立现代物流的基础。航空港物流资源配置的高低直接影响航空物流的发展，进而影响航空物流服务供应链的整体运作效率。因此，本书通过分析航空港物流资源配置情况在本区域所处的水平，说明航空港物流资源配置状况。

5.1　基于系统聚类法的模型构建

5.1.1　平均值

平均值是表示一组数据集中趋势的量数，是指在一组数据中所有数据之和再除以这组数据的个数。它是反映数据集中趋势的一项指标。解答平均值应用题的关键在于确定“总数量”以及和总数量对应的总份数。在统计工作中，平均数(均值)和标准差是描述数据资料集中趋势和离散程度的两个最重要的测度值。

本书中所讲的平均数是指算术平均数，也就是一组数据的和除以这组数据的个数所得的商。在统计中算术平均数常用于表示统计对象的一般水平，它是描述数据集中位置的一个统计量。既可以用它来反映一组数据的一般情况和平均水平，也可以用它进行不同组数据的比较，以看出组与组之间的差别。用平均数表示一组数据的情况，有直观、简明的特点，所以在日常生活中经常用到，如平均速度、平均身高、平均产量、平均成绩等。

5.1.2 系统聚类模型构建

聚类分析又叫群分析、点群分析或者簇分析，是指将物理或抽象对象的集合分组为由类似的对象组成的多个类的分析过程，与回归分析、判别分析一起被称为多元分析的三大方法。其目的是根据已知数据，计算各观察个体或变量之间亲疏关系的统计量(距离或相关系数)，然后根据某种准则(最短距离法、最长距离法、中间距离法、重心法)，使同一类内的差别较小，而类与类之间的差别较大，最终将观察个体或变量分为若干类。

聚类方法很多，但最常用的也是比较成熟的一种方法是系统聚类法。同类事物具有很强的相似性，即同类事物之间的"距离"应很小，因此我们用距离统计量作为分类依据。在用系统聚类法解决实际问题时，我们总把每个分类对象称为样品，并根据对象的性质和分类的目的选定若干指标(特征变量)，对每个样品测出所有的指标值。将得到的结果列成一个数据矩阵，这个样本资料矩阵就是聚类分析的出发点。

系统聚类法的基本思想：先假定各个样品各自成一类，计算各个样品两两之间的距离，构成相似矩阵。

$$X = (x_{ij})_{nm} = \begin{bmatrix} x_{11} & x_{12} & \cdots & x_{1m} \\ x_{21} & x_{22} & \cdots & x_{2m} \\ \vdots & \vdots & \vdots & \vdots \\ x_{n1} & x_{n2} & \cdots & x_{nm} \end{bmatrix}$$

其中，n 为样品数，m 为特征变量数；

第 i 个样品的观测值：$(x_{i1} \quad x_{i2} \quad \cdots \quad x_{im})^{\mathrm{T}}, i=1,2,\cdots,n$；

第 j 个指标(特征变量)的观测值：$(x_{1j} \quad x_{2j} \quad \cdots \quad x_{nj})^{\mathrm{T}}, j=1,2,\cdots,n$。

这时各类间的距离就是各样品之间的距离。通常计算样品之间距离的公式有如下4种：

(1)绝对值距离

$$d_{ij} = \sum_{i=1}^{n} | x_{ik} - x_{jk} | \qquad (i,j=1,2,\cdots,n)$$

(2)欧氏距离

$$d_{ij} = \sqrt{\sum_{k=1}^{n} (x_{ik} - x_{jk})^2} \qquad (i,j=1,2,\cdots,n)$$

(3)闵可夫斯基距离

$$d_{ij} = \left[\sum_{k=1}^{n} | x_{ik} - x_{jk} |^{p}\right]^{\frac{1}{P}} \qquad (i,j = 1,2,\cdots,n)$$

(4)切比雪夫距离

当闵可夫斯基距 $p\to\infty$时,有

$$d_{ij} = \max_{k} | x_{ik} - x_{jk} | \qquad (i,j = 1,2,\cdots,n)$$

计算出各样本之间的距离后,将距离最近的两类合并成一个新的类;再计算新类与其他类间的距离,将距离最近的两类合并,如此每次缩小一类,直至所有的样品都成为一类为止。然后根据需要或者根据给出的距离临界值确定分类数及最终要分的类。最后根据聚类结果画出聚类图,并对其作出解释分析。

注:当 m 个特征变量(指标)观测值具有不同的数量级和不同的测量单位时,直接使用上式计算距离常使数值较小的指标失去作用,为提高分类效果,常需对数据进行预处理,常采用的预处理方式有如下 4 种:

(1)总和标准化

$$x'_{ij} = \frac{x_{ij}}{\sum_{i=1}^{m}}(i = 1,2,\cdots,m,j = 1,2,\cdots,n) \quad 且$$

$$\sum_{i=1}^{m} x'_{ij} = 1(j = 1,2,\cdots,n)$$

(2)标准差标准化

$$x'_{ij} = \frac{x_{ij} - \overline{x_j}}{S_j}(i = 1,2,\cdots,m;j = 1,2,\cdots,n)$$

$$\overline{x_j} = \frac{1}{m}\sum_{i=1}^{m} x_{ij}, S_j = \sqrt{\frac{1}{m}\sum_{i=1}^{m} (x_{ij} - \overline{x_j})^2}$$

$$且\overline{x_j} = \frac{1}{m}\sum_{i=1}^{m} x'_{ij} = 0, S_j = \sqrt{\frac{1}{m}\sum_{i=1}^{m} (x'_{ij} - \overline{x'_j})^2} = 1$$

(3)极大值标准化

$$x'_{ij} = \frac{x_{ij}}{\max_{i}(x_{ij})} \qquad (i = 1,2,\cdots,m;j = 1,2,\cdots,n)$$

经过这种标准化所得的新数据,各要素的极大值为 1,其余各数值小于 1。

(4)极差标准化

$$x_{ij} = \frac{x_{ij} - \min_{i}(x_{ij})}{\max_{i}(x_{ij}) - \min_{i}(x_{ij})} \qquad (i,j = 1,2,\cdots,n)$$

经过这种标准化所得到的新数据，各要素的极大值为1，极小值为0，其余数值均在0与1之间。

在这4种预处理中，用得较多的是标准差标准化和极差标准化。

5.2 实证分析

根据以上构建模型，以郑州航空港为例，分析其在中原经济区中物流资源配置水平。

5.2.1 重点物流企业统计分析

我国于2001年发布的《物流术语》(GB/T 18345－2006)中对物流的定义式是：物品从供应地到接收地的实体流动过程。根据实际需要，将运输、储存、装卸、搬运、包装、流通加工、配送、信息处理等基本功能实施有机结合。而物流企业指从事物流活动的经济组织，是至少从事运输(含运输代理、货物快递)或仓储一种经营业务，并能够按照客户物流需求对运输、储存、装卸、包装、流通加工、配送等基本功能进行组织和管理，具有与自身业务相适应的信息管理系统，实行独立核算、独立承担民事责任的经济组织。所谓重点物流企业，对于“重点”二字，尚无明确定义，故在本书中，将满足以下条件的物流企业定义为重点物流企业。

1.行业规模及经营状况

(1)运输和综合服务的物流企业，注册资本(金)500万元以上，或总资产1000万元以上，具备货运代理资格，主营业务收入连续两年在800万元以上；

(2)仓储服务的物流企业，具备相关仓储设施，主营收入连续两年在800万元以上；

(3)技术服务型物流企业，注册资本(金)100万元以上，或总资产150万元以上，服务对象至少在5家以上，主营业务收入连续两年在500万元以上。

2.企业效益

企业连续两年以上实现盈利，且资产负债率不高于70%。

某地区重点物流企业数量的多少从某种程度上就能反映出该地区物流业发展水平的高低，中原经济区部分城市物流业法人单位的数量及重点物流企业单位数量具体如表5-1和图5-1所示。由于航空港物流业主要来自郑州，因此，此处郑州物流业发展水平代表航空港的水平。

表 5-1 中原经济区部分城市物流业重点法人单位数量(单位:个)

	2011年	2012年	2013年	2014年	均值
郑州	895	962	1058	1183	1025
开封	536	519	582	673	578
洛阳	370	337	330	352	347
平顶山	213	213	218	221	216
安阳	263	242	240	248	248
鹤壁	79	97	112	135	106
新乡	284	288	293	296	290
焦作	232	262	246	283	256
濮阳	140	118	116	112	122
许昌	340	346	348	356	348
漯河	163	166	171	168	167
三门峡	216	283	316	338	288
南阳	318	337	332	346	333
商丘	313	327	313	327	320
信阳	277	279	279	283	280
周口	358	380	391	413	386
驻马店	454	477	501	556	497
济源	30	32	35	37	34

资料来源:河南省统计局

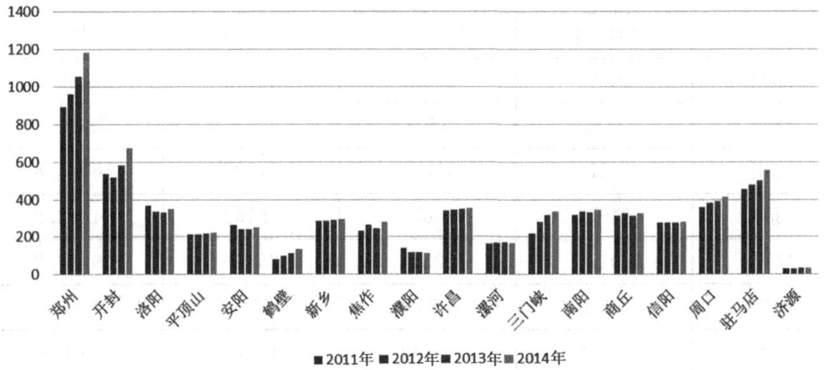

图 5-1 重点物流企业数量单位

根据表 5-1 和图 5-1 所列数据,大部分城市物流业法人单位的数量都在逐年增加,只有开封、洛阳、安阳、焦作、濮阳物流业法人单位的数量出现了先减后增的情况，而济源市的物流业法人单位的数量出现了先增后减。

近年来，随着我国政府对物流业的大力扶持，再加上电子商务的急速发展，物流行业的发展迎来了高潮。物流行业不仅进入的门槛较低，且利润较高，使得物流业涌入了许多小型企业，同时，随着这些小型物流企业的涌入，加剧了行业间的竞争，再加上随着德邦、宅急送、天地华宇等大型物流企业扩张网络进军中原经济区，本土的物流企业无论是在硬件设备还是在管理理念上都要落后于这些大型物流企业，再加上本土相当一部分企业的服务能力低，功能单一，市场辐射小，布局不合理，企业间为争夺资源，不惜打价格战，运营效率低但运营成本却很高，因此中原经济区本土的物流企业更加面临着严峻的形势。

因此，中原经济区的物流企业必须应对市场的变化对企业进行改造，物流业作为一个服务性的行业，必须以客户需求为中心，满足客户的个性化需求，合理设置业务流程，建立科学的管理体制，其次企业必须培养核心竞争力，打造品牌优势，企业与企业之间整合资源，协同发展，打造共赢局面。

5.2.2 物流业运量统计分析

由于中原经济区属内陆地区，水运货量较小，也就是说内河运量占总货运量的比例较小，而铁路货运量不按城市统计，只按车站、车务段、铁路局统计，因此本书仅从公路货运量分析中原经济区的物流业运量，具体如表 5-2 和图 5-2 所示。

表 5-2 2011—2013 年各城市公路货运量 （单位：万吨）

	2011 年	2012 年	2013 年	均值
郑州	20888	23566	26202	20419.2
开封	7482	8508	9455	7374.4
洛阳	16276	18847	21222	16106.8
平顶山	14674	16638	18162	14412.8
安阳	20177	22587	25360	19910.2
鹤壁	5881	6749	7520	5891.8
新乡	9500	10914	12177	9461.6
焦作	16218	19047	21492	15945.4

(续表)

	2011 年	2012 年	2013 年	均值
濮阳	3867	4489	5017	3876.2
许昌	18788	21451	24320	18479
漯河	4281	4906	5509	4279.6
三门峡	3933	4541	5100	3918.8
南阳	17615	20260	22744	17574.2
商丘	20931	23953	27199	20698.8
信阳	7085	8007	8994	7002.2
周口	10825	12468	14216	10806
驻马店	17986	20550	23016	17954
济源	3715	4291	4815	3698.8

资料来源:河南省统计局

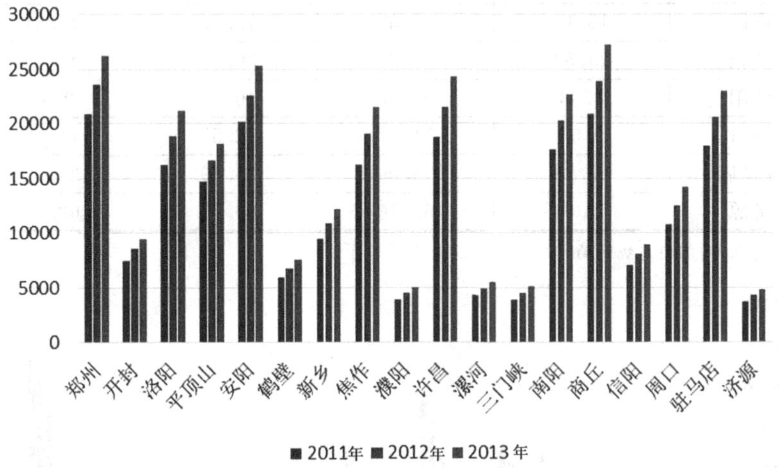

图 5-2 各市公路货运量(单位:万吨)

表5-2和图5-2所列数据反映出,单以公路货运量而言,以商丘货运量最多,接下来是郑州、安阳、许昌、驻马店、南阳、洛阳等地,以济源货运量最少。从整体趋势上看,各市的公路货运量都在逐年增长,这也从侧面反映出近年来中原经济区的物流业在蓬勃发展,但由于各市在人口基数、公路里程等方面存在着差异,仅从公路货运量评价一个城市物流的发展水平难免偏离真实水平,故本书结合各市的人口数量和公路里程计算出了人均公路货运量和单位公路里

程货运量，表 5-3 为根据各市的人口所计算出的人均单位公路货运量，各市人均公路货运量具体如图 5-3 所示，表 5-4 为各市单位公路里程货运量。

表 5-3　人均公路货运量　　　（单位：万吨/万人）

	2011 年	2012 年	2013 年	均值
郑州	28.42	31.80	34.89	31.70
开封	14.79	16.72	18.50	16.67
洛阳	23.76	27.35	30.67	27.26
平顶山	27.58	31.10	33.76	30.81
安阳	35.34	39.35	44.03	39.57
鹤壁	36.99	42.18	46.71	41.96
新乡	16.02	18.28	20.30	18.20
焦作	44.55	52.04	58.56	51.72
濮阳	10.07	11.63	12.93	11.54
许昌	39.22	44.41	50.14	44.59
漯河	15.68	17.91	19.96	17.85
三门峡	17.40	20.09	22.47	19.99
南阳	15.13	17.38	19.42	17.31
商丘	23.52	26.76	30.22	26.83
信阳	8.33	9.36	10.46	9.38
周口	9.66	11.07	12.57	11.10
驻马店	20.28	23.04	25.69	23.00
济源	54.63	63.10	69.78	62.51

资料来源：河南省统计局

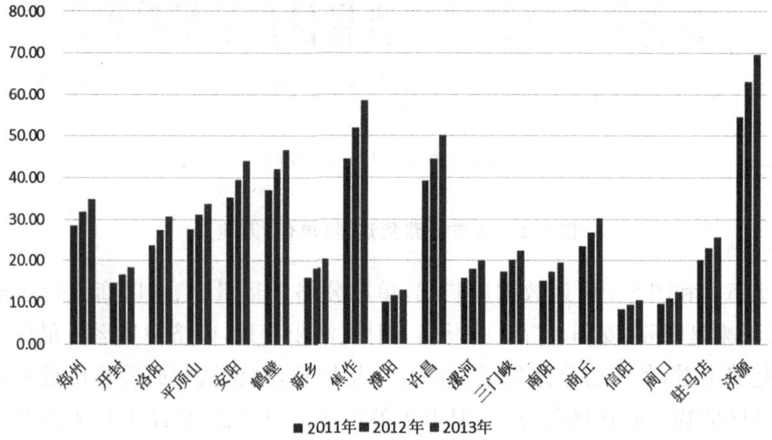

图 5-3　各市人均公路货运量（单位：万吨/万人）

表 5-4 各市单位公路里程货运量 （单位：万吨/公里）

	2011 年	2012 年	2013 年	均值
郑州	2.01	1.82	2.06	1.96
开封	1.04	0.96	1.07	1.03
洛阳	0.91	1.03	1.16	1.03
平顶山	1.35	1.24	1.35	1.31
安阳	2.46	1.91	2.14	2.17
鹤壁	1.32	1.51	1.68	1.51
新乡	0.86	0.84	0.93	0.88
焦作	2.21	2.59	2.92	2.57
濮阳	0.60	0.70	0.78	0.69
许昌	2.03	2.31	2.62	2.32
漯河	0.82	0.93	1.05	0.93
三门峡	0.42	0.48	0.54	0.48
南阳	0.52	0.53	0.60	0.55
商丘	1.06	1.04	1.18	1.09
信阳	0.33	0.32	0.36	0.34
周口	0.58	0.57	0.65	0.60
驻马店	1.05	1.07	1.19	1.10
济源	1.65	1.88	2.11	1.88

资料来源：河南省统计局

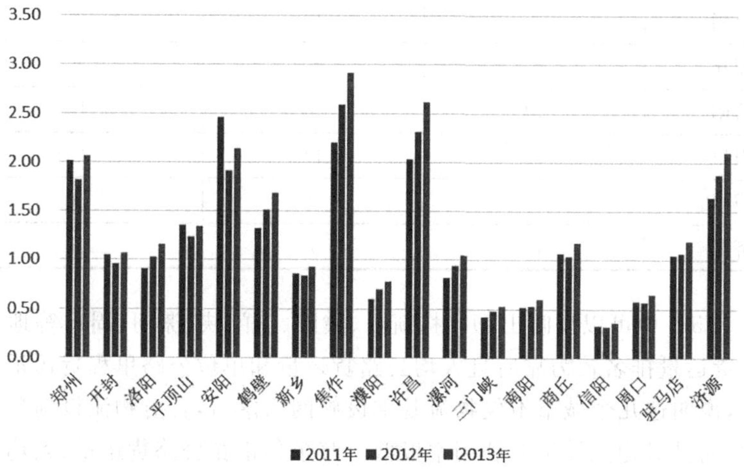

图 5-4 各市单位公路里程货运量(单位：万吨/公里)

从图 5-3 人均货运量图中可以反映出，以人口平均计算，济源的人均货运量反而最多，然后是焦作、许昌等地。而从图 5-4 各市单位公路里程货运量图来看，焦作的单位公路里程货运量最多，信阳最少。

根据 2011 年至 2013 年公路货运量、人均公路货运量、单位公路里程货运量的均值可得出各市在公路货运量、人均公路货运量、单位公路里程货运量的排名，具体如表 5-5 所示。

表 5-5 各市货运量的排名

	公路货运量	人均公路货运量	单位公路里程货运量
郑州	2	6	4
开封	12	15	11
洛阳	7	8	10
平顶山	9	7	7
安阳	3	5	3
鹤壁	14	4	6
新乡	11	12	13
焦作	8	2	1
濮阳	17	16	14
许昌	4	3	2
漯河	15	13	12
三门峡	16	11	17
南阳	6	14	16
商丘	1	9	9
信阳	13	18	18
周口	10	17	15
驻马店	5	10	8
济源	18	1	5

从表 5-5 中可以反映出，开封、新乡、濮阳、三门峡、漯河、周口等地不仅在公路货运量排名较为靠后且人均公路货运量和单位公路里程货运量也相对落后，说明这几个城市不仅物流基础设施网络落后，且对物流设施配置不够合理，而且对物流设施的利用率极低。其余各市在公路货运量、人均公路货运量、单位公路里程货运量的排名都不尽相同，部分城市在公路货运量和人均公路货运量上或是单位公路里程货运量的排名截然相反，如焦作、鹤

壁、济源等地。而郑州、商丘的公路货运量较多但人均公路货运量却低于济源和焦作等地，而在单位公路里程货运量上却低于焦作和许昌。这种公路货运量与人均货运量排名的差异表明各市的物流设施资源配置存在差异化，说明中原经济区的物流设施资源配置有待进一步优化。而公路货运量与单位公路里程货运量排名的差异表明各城市在对资源的利用率存在着差异，说明运输网络有待进一步完善，对资源的利用率有待进一步提高。

5.2.3 物流产业的相对指标分析

1. 宏观物流成本占GDP的比重

宏观物流成本是从社会再生产总体的角度考察物流活动所发生的耗费水平，在整体上反映一个国家或地区现代物流业的发展状况和企业物流管理水平，也是评价经济发展质量的重要指标。研究宏观物流成本对了解该国家或地区经济运行效率，物流活动的规模、结构和发展水平具有非常重要的意义。同时，科学评价宏观物流成本状况和正确预测宏观物流成本发展趋势是政府部门制定物流发展规划和物流发展政策、加强宏观经济调控的依据，也是进行跨国、跨区域投资决策的重要参考依据。目前，国际和国内学者进行宏观物流成本的评价和比较时，均以社会物流总费用与GDP的比例进行衡量，该比例也长期被认定为是衡量一个国家物流水平发展的高低的指标，而且社会物流总费用与GDP的比例越低，物流业越先进，效率越高。根据年鉴，查出2011年至2014年各市的生产总值具体如表5-6所示。

表5-6 各市GDP （单位：亿元）

	2011年	2012年	2013年	2014年	均值
郑州	4979.85	5549.79	6201.85	6831.05	5890.64
开封	1072.42	1207.05	1363.54	1518.76	1290.44
洛阳	2702.76	2981.12	3140.76	3313.54	3034.55
平顶山	1484.61	1495.80	1556.88	1636.52	1543.45
安阳	1486.61	1566.90	1683.65	1847.81	1646.24
鹤壁	500.52	545.78	622.12	741.73	602.54
新乡	1489.41	1619.77	1766.10	1912.31	1696.90
焦作	1442.62	1551.35	1707.36	1918.60	1654.98
濮阳	897.34	989.70	1130.48	1316.86	1083.60
许昌	1588.74	1716.19	1903.31	2136.30	1836.14

（续表）

	2011 年	2012 年	2013 年	2014 年	均值
漯河	751.70	797.12	861.54	952.37	840.68
三门峡	1030.45	1127.32	1204.68	1267.58	1157.51
南阳	2202.31	2340.73	2498.66	2684.95	2431.66
商丘	1308.37	1397.28	1538.22	1727.66	1492.88
信阳	1257.68	1397.32	1581.16	1803.28	1509.86
周口	1407.49	1574.72	1790.65	2026.93	1699.95
驻马店	1244.77	1373.55	1542.02	1728.65	1472.25
济源	373.36	430.86	460.13	508.96	443.33

资料来源：河南省统计局

根据年鉴，查出 2011 年至 2014 年各市的宏观物流成本费用具体如表 5-7 所示。

表 5-7　各市宏观物流成本　（单位：亿元）

	2011 年	2012 年	2013 年	2014 年	均值
郑州	1095.07	1173.23	1278.20	1296.53	1210.76
开封	252.66	276.66	294.52	314.69	284.63
洛阳	599.20	643.62	683.74	679.28	651.46
平顶山	363.14	355.40	349.05	349.72	354.33
安阳	370.46	366.65	396.84	431.46	391.35
鹤壁	125.83	132.46	150.62	172.67	145.40
新乡	361.48	381.29	409.56	413.25	391.40
焦作	340.31	353.40	374.77	417.30	371.44
濮阳	218.05	234.95	250.51	288.13	247.91
许昌	366.52	403.65	434.15	469.13	418.36
漯河	180.11	187.08	186.01	199.52	188.18
三门峡	243.70	252.07	254.91	256.43	251.78
南阳	521.07	524.32	556.95	575.92	544.57
商丘	314.14	322.91	352.56	364.02	338.41
信阳	286.37	310.90	343.90	370.75	327.98
周口	329.07	337.46	396.27	448.56	377.84
驻马店	297.25	329.79	364.84	386.35	344.56
济源	90.39	103.71	109.56	113.85	104.38

资料来源：河南省统计局

根据表5-6各市的GDP表和表5-7各市的宏观物流成本表，可计算出各城市宏观物流成本占GDP的比重，计算结果具体如表5-8所示。

表5-8 各市物流成本所占GDP的比值

	2011年	2012年	2013年	2014年	均值
郑州	21.99%	21.14%	20.61%	18.98%	20.68%
开封	23.56%	22.92%	21.60%	20.72%	22.20%
洛阳	22.17%	21.59%	21.77%	20.50%	21.51%
平顶山	24.46%	23.76%	22.42%	21.37%	23.00%
安阳	24.92%	23.40%	23.57%	23.35%	23.81%
鹤壁	25.14%	24.27%	24.21%	23.28%	24.23%
新乡	24.27%	23.54%	23.19%	21.61%	23.15%
焦作	23.59%	22.78%	21.95%	21.75%	22.52%
濮阳	24.30%	23.74%	22.16%	21.88%	23.02%
许昌	23.07%	23.52%	22.81%	21.96%	22.84%
漯河	23.96%	23.47%	21.59%	20.95%	22.49%
三门峡	23.65%	22.36%	21.16%	20.23%	21.85%
南阳	23.66%	22.40%	22.29%	21.45%	22.45%
商丘	24.01%	23.11%	22.92%	21.07%	22.78%
信阳	22.77%	22.25%	21.75%	20.56%	21.83%
周口	23.38%	21.43%	22.13%	22.13%	22.27%
驻马店	23.88%	24.01%	23.66%	22.35%	23.48%
济源	24.21%	24.07%	23.81%	22.37%	23.62%

由图5-5可知，除开郑州外的其余17个市，物流费用占GDP的比值都比较高，但大部分城市的物流费用占GDP的比重相较于2011年都有所降低，这说明无论是我们的政府还是物流企业家都充分认识到了物流成本的重要性，都在通过各种途径来减少物流费用占GDP的比值。尽管如此，中原经济区各市物流成本占GDP的比重几乎都在20%以上，而发达国家的物流成本只占GDP比重的10%左右，这说明中原经济区的物流成本可以降低的空间还很大，为此政府必须加大对物流基础设施的建设，健全运输网络，改善行业的发展环境，持续改进提升对物流行业、企业的管理和服务，降低物流企业经营的税收和费用负担，物流企业也需进一步完善业务流程和管理体制，引进专业化的物流人才，提供专业化的物流服务，降低物流费用。

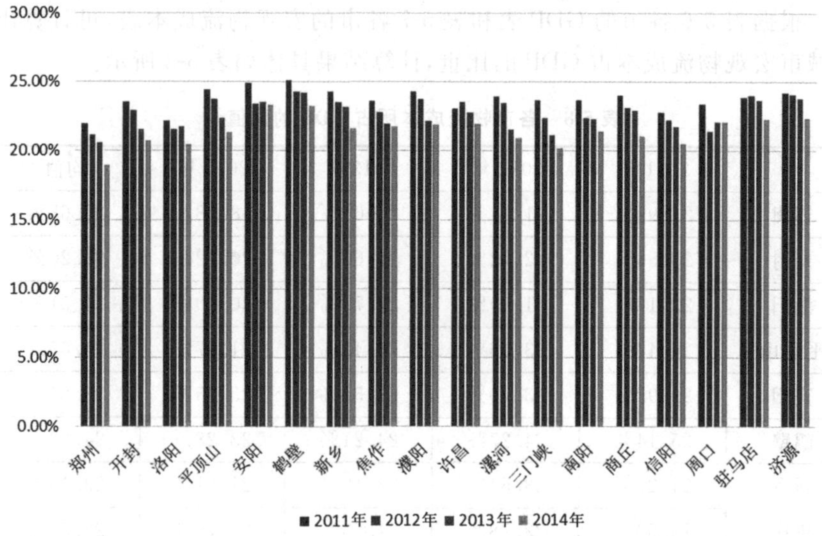

图 5-5 各市物流成本所占 GDP 的比值

2. 物流产业的增加值占 GDP 的比重

物流产业增加值是指由交通运输业物流增加值、仓储物流业增加值、批发物流业增加值、配送加工包装物流业增加值和邮政业物流增加值构成。物流产业增加值是反映物流业发展的核心指标。根据统计,2011 年至 2014 年各市的物流增加值具体如表 5-9 所示。

表 5-9 各市物流的增加值 (单位:亿元)

	2011 年	2012 年	2013 年	2014 年	均值
郑州	284.94	321.75	365.52	409.45	345.42
开封	49.52	54.72	61.79	68.89	58.73
洛阳	111.86	122.15	138.74	161.32	133.52
平顶山	51.73	55.23	62.79	70.63	60.10
安阳	50.00	56.17	63.74	71.65	60.39
鹤壁	8.12	9.29	10.5	11.78	9.92
新乡	66.95	74.65	84.38	96.42	80.60
焦作	48.45	52.30	59.2	66.86	56.70
濮阳	15.84	17.64	20.07	23.19	19.19
许昌	40.06	45.09	51.33	58.68	48.79
漯河	13.79	15.46	17.57	19.71	16.63

（续表）

	2011 年	2012 年	2013 年	2014 年	均值
三门峡	70.60	78.01	88.76	99.86	84.31
南阳	95.72	107.01	121.75	137.89	115.59
商丘	50.22	55.22	62.52	71.21	59.79
信阳	58.12	65.37	74.28	86.65	71.11
周口	33.90	37.49	42.65	47.61	40.41
驻马店	50.30	55.81	63.41	71.58	60.28
济源	12.54	13.74	15.54	17.72	14.89

根据各市物流的增加值和各市的 GDP 计算得出各市物流的增加值占 GDP 的比重，具体如表 5-10 所示。

表 5-10　各市物流的增加值占 GDP 的比重

	2011 年	2012 年	2013 年	2014 年	均值
郑州	5.72%	5.80%	5.89%	5.99%	5.86%
开封	4.62%	4.53%	4.53%	4.54%	4.55%
洛阳	4.14%	4.10%	4.42%	4.87%	4.40%
平顶山	3.48%	3.69%	4.03%	4.32%	3.89%
安阳	3.36%	3.58%	3.79%	3.88%	3.67%
鹤壁	1.62%	1.70%	1.69%	1.59%	1.65%
新乡	4.50%	4.61%	4.78%	5.04%	4.75%
焦作	3.36%	3.37%	3.47%	3.48%	3.43%
濮阳	1.77%	1.78%	1.78%	1.76%	1.77%
许昌	2.52%	2.63%	2.70%	2.75%	2.66%
漯河	1.83%	1.94%	2.04%	2.07%	1.98%
三门峡	6.85%	6.92%	7.37%	7.88%	7.28%
南阳	4.35%	4.57%	4.87%	5.14%	4.75%
商丘	3.84%	3.95%	4.06%	4.12%	4.01%
信阳	4.62%	4.68%	4.70%	4.81%	4.71%
周口	2.41%	2.38%	2.38%	2.35%	2.38%
驻马店	4.04%	4.06%	4.11%	4.14%	4.09%
济源	3.36%	3.19%	3.38%	3.48%	3.36%

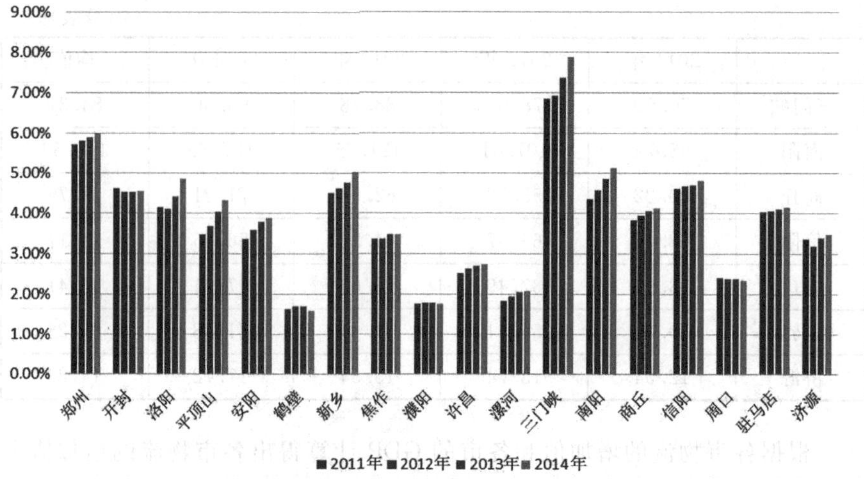

图 5-6　各市物流的增加值占 GDP 的比重

图 5-6 可以反映出各市的物流业都在蓬勃发展，大部分地区的物流业增加值占 GDP 的比重都在逐年增加。但由于各市在物流设施资源配置上存在差异，各市物流业的发展快慢也不同，其中以三门峡发展最为迅速，郑州、开封、洛阳、南阳、信阳紧随其后，而鹤壁、濮阳、漯河、周口的物流业发展较为缓慢。

除开济源、周口、濮阳和开封外，其余各市在 GDP 增长的同时，物流业的增加值所占 GDP 的比重也是逐年增加，说明物流业增加值的增幅是大于国民经济增长水平的，也就是说从总体上来看，中原经济区的物流社会化、专业化水平在不断提高，第三方物流企业在加速发展。

5.2.4　物流资源配置的差异分析

航空港物流基础设施是发展物流业的物质载体，是提高物流整体效率、建立现代物流的基础，是物流企业运行的基本保障，是航空港最愿意、最迫切需要解决而又能做成的事情。

1. 指标的选取及处理

下面采用聚类分析技术，以河南省统计年鉴所记载的数据为基础，根据系统聚类法来分析中原经济区物流设施资源配置的差异。5.2.1—5.2.3 节中已对物流企业法人单位数、人均货运量、单位公路里程货运量、物流费用占 GDP 的比值、物流增加值占 GDP 的比值进行了统计分析，故这里选择以上数据为指标对中原经济区物流资源配置的差异进行分析。物流企业法人单位数、人均货运量、物流费用占GDP的比值、物流增加值占GDP的比值的具体数据如表5-11所示。

表5-11 聚类分析指标图

	重点物流企业单位数（单位：个）	人均货运量（单位：万吨/万人）	单位公路里程货运量（单位：万吨/公里）	宏观物流成本占GDP比值	物流增加值占GDP比值
郑州	1025	31.7	1.96	0.21	0.06
开封	578	16.67	1.03	0.22	0.05
洛阳	347	27.26	1.03	0.22	0.04
平顶山	216	30.81	1.31	0.23	0.04
安阳	248	39.57	2.17	0.24	0.04
鹤壁	106	41.96	1.51	0.24	0.02
新乡	290	18.2	0.88	0.23	0.05
焦作	256	51.72	2.57	0.23	0.03
濮阳	122	11.54	0.69	0.23	0.02
许昌	348	44.59	2.32	0.23	0.03
漯河	167	17.85	0.93	0.22	0.02
三门峡	288	19.99	0.48	0.22	0.07
南阳	333	17.31	0.55	0.22	0.05
商丘	320	26.83	1.09	0.23	0.04
信阳	280	9.38	0.34	0.22	0.05
周口	386	11.1	0.6	0.22	0.02
驻马店	497	23	1.1	0.23	0.04
济源	34	62.51	1.88	0.24	0.03

因为表5-11中的各项指标具有不同的数量级和不同的测量单位，直接使用表中的数据计算距离会使数值较小的指标失去作用，为提高分类效果，故对数据进行标准差标准化，令 $x_{ij}'=\frac{x_{ij}-\overline{x_j}}{S_j}(i=1,2,\cdots,m,j=1,2,\cdots,n)$，则处理结果如表5-12所示。

表 5-12 聚类指标数据预处理

	重点物流企业单位数（单位：个）	人均货运量（单位：万吨/公里）	单位公路里程货运量（单位：万吨/公里）	宏观物流成本占GDP比值	物流增加值占GDP比值
郑州	3.293	0.262	1.088	−2.041	1.497
开封	1.192	−0.771	−0.330	−0.816	0.788
洛阳	0.106	−0.043	−0.330	−0.816	0.079
平顶山	−0.510	0.201	0.097	0.408	0.079
安阳	−0.360	0.802	1.408	1.633	0.079
鹤壁	−1.027	0.967	0.402	1.633	−1.340
新乡	−0.162	−0.665	−0.559	0.408	0.788
焦作	−0.322	1.637	2.018	0.408	−0.630
濮阳	−0.952	−1.123	−0.849	0.408	−1.340
许昌	0.110	1.147	1.637	0.408	−0.630
漯河	−0.740	−0.690	−0.483	−0.816	−1.340
三门峡	−0.172	−0.543	−1.169	−0.816	2.207
南阳	0.040	−0.727	−1.063	−0.816	0.788
商丘	−0.021	−0.073	−0.239	0.408	0.079
信阳	−0.209	−1.271	−1.383	−0.816	0.788
周口	0.289	−1.153	−0.986	−0.816	−1.340
驻马店	0.811	−0.336	−0.224	0.408	0.079
济源	−1.366	2.378	0.966	1.633	−0.630

2.样本间距离的计算及样本合并

令 X_1＝{郑州}，X_2＝{开封}，X_3＝{洛阳}，X_4＝{平顶山}，X_5＝{安阳}，X_6＝{鹤壁}，X_7＝{新乡}，X_8＝{焦作}，X_9＝{濮阳}，X_a＝{许昌}，X_b＝{漯河}，X_c＝{三门峡}，X_d＝{南阳}，X_e＝{商丘}，X_f＝{信阳}，X_g＝{周口}，X_h＝{驻马店}，X_k＝{济源}。

采用用欧式距离：$d_{ij} = d_{ij} = \sqrt{\sum_{k=1}^{n} (x_{ik} - x_{jk})^2}$ 计算出样本两两间的距离，如：

$d_{12} = [(3.293 - 1.192)^2 + (0.262 + 0.771)^2 + (1.088 + 0.330)^2 + (-2.041 - 0.816)2 + (1.497 - 0.788)^2]^{0.5} = 3.08$

同理可计算出其余各市的距离如表 5-13 所示。

表 5-13　样本间的距离

	郑州	开封	洛阳	平顶山	安阳	鹤壁	新乡	焦作	濮阳	许昌	漯河	三门峡	南阳	商丘	信阳	周口	驻马店	济源
郑州	0																	
开封	3.08	0																
洛阳	3.97	1.49	0															
平顶山	4.84	2.45	1.46	0														
安阳	5.41	3.8	3.16	1.9	0													
鹤壁	6.42	4.36	3.29	2.11	1.87	0												
新乡	4.69	1.84	1.59	1.34	2.84	3.22	0											
焦作	5.13	4.14	3.24	2.51	1.75	2.36	3.74	0										
濮阳	6.14	3.32	2.46	2.2	3.56	2.73	2.33	4.09	0									
许昌	4.66	3.5	2.7	2.04	1.55	2.2	3.19	0.76	3.6	0								
漯河	5.4	2.88	1.78	2.17	3.74	3.1	2.52	3.72	1.37	3.26	0							
三门峡	4.44	2.15	2.36	2.88	4.36	4.9	1.97	4.95	3.89	4.51	3.66	0						
南阳	4.26	1.37	1.23	2.12	3.89	4.08	1.34	4.33	2.69	3.78	2.34	1.45	0					
商丘	4.57	1.99	1.24	0.65	2.26	2.45	0.99	2.93	2.09	2.35	2.11	2.67	1.76	0				
信阳	4.77	1.82	1.79	2.54	4.31	4.4	1.6	4.85	2.62	4.31	2.44	1.61	0.68	2.19	0			
周口	4.99	2.43	1.93	2.68	4.24	3.76	2.58	4.38	1.75	3.77	1.24	3.63	2.19	2.31	2.22	0		
驻马店	4.03	1.53	1.45	1.46	2.61	3	1.29	3.27	2.48	2.58	2.47	2.82	1.86	0.87	2.29	2.24	0	
济源	6.65	5.11	4.03	2.87	2.05	1.71	4.07	2.06	4.21	2.38	4.29	5.34	4.87	3.36	5.31	5.05	3.94	0

首先，由表 5-13 各市的欧氏距离表可得出 $D_1=$

	1	2	3	4	5	6	7	8	9	a	b	c	d	e	f	g	h	k
1	0																	
2	3.08	0																
3	3.97	1.49	0															
4	4.84	2.45	1.46	0														
5	5.41	3.8	3.16	1.9	0													
6	6.42	4.36	3.29	2.11	1.87	0												
7	4.69	1.84	1.59	1.34	2.84	3.22	0											
8	5.13	4.14	3.24	2.51	1.75	2.36	3.74	0										
9	6.14	3.32	2.46	2.2	3.56	2.73	2.33	4.09	0									
a	4.66	3.5	2.7	2.04	1.55	2.2	3.19	0.76	3.6	0								
b	5.4	2.88	1.78	2.17	3.74	3.1	2.52	3.72	1.37	3.26	0							
c	4.44	2.15	2.36	2.88	4.36	4.9	1.97	4.95	3.89	4.51	3.66	0						
d	4.26	1.37	1.23	2.12	3.89	4.08	1.34	4.33	2.69	3.78	2.34	1.45	0					
e	4.57	1.99	1.24	0.65	2.26	2.45	0.99	2.93	2.09	2.35	2.11	2.67	1.76	0				
f	4.77	1.82	1.79	2.54	4.31	4.4	1.6	4.85	2.62	4.31	2.44	1.61	0.68	2.19	0			
g	4.99	2.43	1.93	2.68	4.24	3.76	2.58	4.38	1.75	3.77	1.24	3.63	2.19	2.31	2.22	0		
h	4.03	1.53	1.45	1.46	2.61	3	1.29	3.27	2.48	2.58	2.47	2.82	1.86	0.87	2.29	2.24	0	
k	6.65	5.11	4.03	2.87	2.05	1.71	4.07	2.06	4.21	2.38	4.29	5.34	4.87	3.36	5.31	5.05	3.94	0

根据最短距离可知，$d_{\min}=d_{4e}=0.65$，平顶山和商丘的距离最近，将它们合为一类，令 $X_A=\{X_4, X_e\}$，$d_{A1}=d_{(4,e)1}=\min\{d_{14},d_{1e}\}=4.57$，$d_{A2}=d_{(4,e)2}=\min\{d_{24},d_{2e}\}=1.99$，$d_{A3}=d_{(4,e)3}=\min\{d_{34},d_{3e}\}=1.24$，$d_{A5}=1.9$，$d_{A6}=2.11$，$d_{A7}=0.99$，$d_{A8}=2.51$，$d_{A9}=2.09$，$d_{Aa}=2.04$，$d_{Ab}=2.11$，$d_{Ac}=2.67$，$d_{Ad}=1.76$，$d_{Af}=2.19$，$d_{Ag}=2.31$，$d_{Ah}=0.87$，$d_{Ak}=2.87$，故得 $D_2=$

	A	1	2	3	5	6	7	8	9	a	b	c	d	f	g	h	k
A	0																
1	4.57	0															
2	1.99	3.08	0														
3	1.24	3.97	1.49	0													
5	1.9	5.41	3.8	3.16	0												
6	2.11	6.42	4.36	3.29	1.87	0											
7	0.99	4.69	1.84	1.59	2.84	3.22	0										
8	2.51	5.13	4.14	3.24	1.75	2.36	3.74	0									
9	2.09	6.14	3.32	2.46	3.56	2.73	2.33	4.09	0								
a	2.04	4.66	3.5	2.7	1.55	2.2	3.19	0.76	3.6	0							
b	2.11	5.4	2.88	1.78	3.74	3.1	2.52	3.72	1.37	3.26	0						
c	2.67	4.44	2.15	2.36	4.36	4.9	1.97	4.95	3.89	4.51	3.66	0					
d	1.76	4.26	1.37	1.23	3.89	4.08	1.34	4.33	2.69	3.78	2.34	1.45	0				
f	2.19	4.77	1.82	1.79	4.31	4.4	1.6	4.85	2.62	4.31	2.44	1.61	0.68	0			
g	2.31	4.99	2.43	1.93	4.24	3.76	2.58	4.38	1.75	3.77	1.24	3.63	2.19	2.22	0		
h	0.87	4.03	1.53	1.45	2.61	3	1.29	3.27	2.48	2.58	2.47	2.82	1.86	2.29	2.24	0	
k	2.87	6.65	5.11	4.03	2.05	1.71	4.07	2.06	4.21	2.38	4.29	5.34	4.87	5.31	5.05	3.94	0

$d_{\min}=d_{df}=0.68$，南阳和信阳最近，将它们合为一类，同理，按照最短距离可算出

$$\begin{array}{cc} & \begin{array}{cc} N & 1 \end{array} \\ \begin{array}{c} N \\ 1 \end{array} & \begin{pmatrix} 0 & \\ 3.08 & 0 \end{pmatrix} \end{array}$$

即将平顶山、商丘、驻马店、新乡、南阳、信阳、洛阳、开封、三门峡、漯河、周口、濮阳、焦作、许昌、安阳、鹤壁和济源划分为一类，将郑州单独划分为新的一类。

3. 聚类图和聚类结果

由欧氏距离可得出中原经济区主要城市的聚类分析图如图5-7所示。

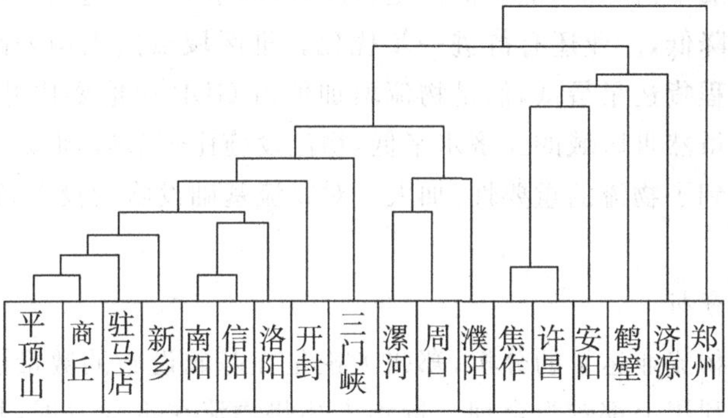

图5-7　主要城市的聚类分析

根据聚类分析图，可将中原经济区主要城市物流业的发展城市划分为3类，其中郑州单成一类，焦作、许昌、安阳、鹤壁和济源为第二类，平顶山、商丘、驻马店、新乡、南阳 、信阳、洛阳、开封、三门峡、漯河、周口、濮阳为第三类。根据类别，将三大区域的指标值进行描述性分析如表5-14所示。

表5-14　四大区域各指标的描述性分析

区域	重点物流企业单位数（单位：个）	人均货运量（单位：万吨/万人）	单位公路里程货运量（单位：万吨/公里）	宏观物流成本占GDP比值	物流增加值占GDP比值
Ⅰ	1025	31.7	1.96	0.21	0.06
Ⅱ	198	48.1	2.09	0.24	0.03
Ⅲ	319	19.2	0.84	0.22	0.04

从表5-14中可以看出虽然Ⅰ区域人均货运量和单位公路里程货运量低于Ⅱ区域，但是重点物流企业单位数明显要高于其余两个区域，宏观物流成本占GDP的比值最低，物流增加值占GDP的比值也是最高的。主要原因在于虽然郑州人口众多，但此区域交通便捷，公路货运总量高，而且经济发展水平较高，大量的重点物流业带来了大量的物流人才，第三服务产业比重自然就比较高。Ⅱ区域虽然物流增加值占GDP的比值和重点物流企业的数量低于Ⅲ区域，但人均货运量和单位公路里程货运量最高，主要原因在于该区域5个城市焦作、许昌、安阳、鹤壁和济源的经济发展水平较高，货运量较大，但人口相较于Ⅰ区域明显要少，这5个城市的资源丰富，尤其煤炭资源，是中原经济区煤炭的主要输出地，许昌被称为“烟草王国”，再加上独特的区位优势，为该区域的物流业发展做出了巨大的贡献，尽管如此，Ⅱ区域宏观物流成本占GDP的比值确是最高，达到了24%，这说明该区域的物流成本需要降低，产业还有待进一步优化。Ⅲ区域虽然人均公路货运量和单位公路里程货运量最低，但是物流增加值占GDP比值要比Ⅱ区域要高，这也就是说虽然Ⅲ区域的经济水平低，物流设施比较落后，但是该区域的政府已经认识到了物流的重要性，加大了对物流基础设施的投入，物流业在迅猛发展。

4. 结果分析

通过对物流业运量的分析，郑州无论是在基础设施的数量还是在对资源的配置和利用上都较为合理。近年来郑州物流在迅猛发展，物流增加值占GDP的比重都在逐年增加，说明物流的发展速度甚至超过了经济发展速度，且各市的宏观物流成本都在降低，但宏观物流成本占GDP的比重仍然较大，物流成本可降低的空间仍然很大。通过聚类分析，以郑州的物流业最好，物流设施的配置也较为合理，为进一步优化航空港航空物流服务供应链打下了基础。

综上，通过构建基于系统聚类法的物流资源配置状况分析模型，并以郑州航空港做实证分析，结果表明，分析结果与实际相符，说明运用系统聚类法分析物流资源配置状况是可行的。

第6章　基于物流公共信息平台的信息共享机制

信息共享是提高航空物流服务供应整体效率的重要途径，本章提出通过构建物流公共信息平台实现信息共享，消除信息孤岛。

6.1　物流公共信息平台功能分析

6.1.1　信息平台功能

物流公共信息平台为物流企业提供信息化服务，以网站数据库为基础，通过门户网站、物流信息基础端、物流手机平台、GPS 卫星定位系统和 4G 网络电话等功能模块，以及物流通、空中快车、手机客户端为用户提供整套信息化整合性物流一体化服务，随时满足用户查询物流信息的需求，并改变传统的物流信息传输方式，无缝对接物流各个环节，它有诸多资源可供利用，有诸多优势值得发挥[141]。

物流公共信息平台包含多个功能模块，其中一个重要模块就是收集客户端软件，使平台操作起来更加便捷，例如掌运通、物流宝、空中停车场等，具体如表 6-1 所示。

表 6-1　三种软件功能介绍

软件名称	简介	核心功能
掌运通	掌运通是由物流公共信息平台和网络运营商共同推出的客户端	1. 查询指定目的地的车辆信息； 2. 发布货源信息及车辆信息； 3. 确认运营车辆的具体信息
物流宝	物流宝是物流信息客户端，系统使用户更为直观地发布和查询物流信息	1. 短信调车功能； 2. 车辆定位功能； 3. 查看证件功能

（续表）

软件名称	简介	核心功能
空中停车场	空中停车场是物流行业使用的车辆管理平台	1. 短信调车功能； 2. 车辆定位功能； 3. 查看证件功能

6.1.2 信息平台具备的优势

物流公共信息平台有诸多资源可供利用，有诸多优势值得发挥。

(1)跨区域信息交流。

政府有专项政策支持和资金支持完善公共信息平台的建设并促进不同区域的平台进行相互对接，形成跨区域的信息流动。

(2)跨部门跨行业信息交流。

可以与相关部门、大型企业进行沟通、协商，以此与其他地方的信息平台、电子商务平台进行对接，形成跨部门及跨行业的物流信息交流。

(3)跨省界信息交流。

可通过与附近区域的物流主管部门进行联系、洽谈，与其他物流信息平台实现有效对接，形成跨区域的物流信息交流。

6.1.3 信息平台用户需求分析

航空港信息平台用户需求分析具体如表 6-2 所示。

表 6-2 航空港信息平台用户需求分析

用户需求者	应用主体细节	应用主体的功能	航空港信息平台的作用
物流企业	1. 进驻在航空港的公路、铁路、航空等运输企业，仓储、配送企业等 2. 航空港信息平台的物流相关企业和货代企业	1. 运输企业提供货物运输等服务 2. 仓储企业提供仓库租赁与管理服务 3. 配送企业提供短途配送业务 4. 货代企业受货主委托，代办订舱、配载等	1. 提供货运需求信息、货物在途跟踪信息等 2. 提供仓储需求、作业及包装等方面的信息 3. 提供物流配送需求信息 4. 提供企业的需求信息、机场、航空公司、海关及其他相关机构等方面的信息

（续表）

用户需求者	应用主体细节	应用主体的功能	航空港信息平台的作用
各类货主企业	有物流需求的生产制造企业、商贸企业以及其他用户	主要涉及货物运输、储存、配送以及流通加工、包装等业务	为此类企业提供货物存储状况信息、货物运输实时监控以及流通加工、包装等信息查询
政府部门、服务机构等	包括工商、税务、海关、银行、保险等部门	这类机构主要是政策发布、报关报检、企业融资等	1.发布相关政策信息平台 2.通过信息平台开展网上政务服务支付、投保等服务
园区管理者	航空港管理委员会等	负责入驻企业的管理与监控以及日常的办公管理	提供基础设施设备信息、日常经营管理信息及园区总体后台数据分析等内容

6.2 信息共享机制

6.2.1 信息共享数据传导方向

信息平台主要有四类数据库，具体的数据库类型及功能如表6-3所示。

表6-3 数据库种类及功能

序号	数据库类型	功能
1	航空货代企业数据库	记录货物的初始信息，包括货物的体积、质量、运输要求等，在进行陆地运输时将数据传递给陆地运输企业。如果是接收货物，需要储存来自陆运企业的信息，同时，把货物信息传输到航空公司，与航空公司讨论发货时间及运价等问题
2	道路运输企业数据库	接收来自货代企业的货物时，存储来自货代企业数据库的货物信息，同时，在将货物移交到机场货站时将在原有数据基础上的更新数据传递给机场货站
3	机场货站数据库	接收来自运输企业的货物时，存储来自运输企业数据库的信息。同时再将货物移交给航空公司时，将更新过的数据传递给航空公司

（续表）

序号	数据库类型	功能
4	航空公司数据库	在接收货物时储存来自机场货站的数据。同时，接收货代发来的货物信息，与货代讨论运价等问题。除此之外，还要把货物在空中的信息实时更新，发送给货代企业

因为这些数据库之间是相互独立的，没有将各自掌握的信息共享到一个统一的物流公共信息平台上，所以各种信息只能一步一步地随链条流动，需要注意的是信息在航空物流服务链上是双向流动的，具体如图 6-1 所示。

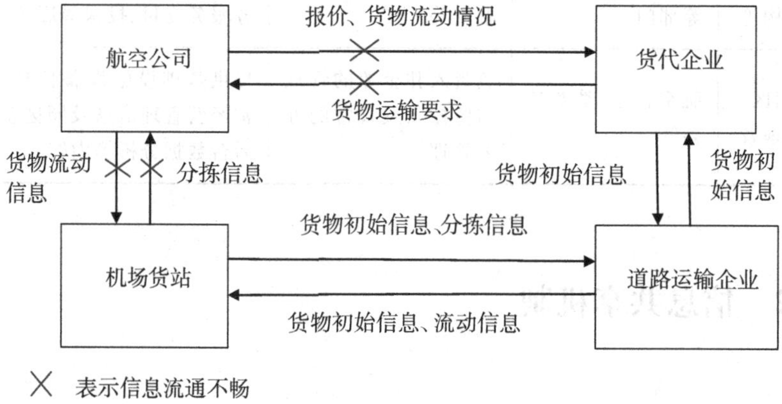

图 6-1 信息流动方式

始发机场货代企业首先将货物信息传递给陆地运输企业，陆地运输企业再将货物的基本信息及分拣信息传递给机场货站服务企业，再由机场货站服务企业将货物的分拣信息、搬运信息传递给航空公司，航空公司再将货物流动的同步信息传递给货代企业。但是，由于陆运信息跟空运信息并没有实现良好对接，所以他们的信息传导会受到更多的阻碍，这让本来就脆弱的信息链变得不堪一击。

6.2.2 企业信息系统对接平台的基本结构

航空港的航空货代数据库、机场货站数据库、航空公司数据库、海关等业务系统与物流公共信息平台对接。对接后结构具体如图 6-2 所示。

首先把从航空公司、机场货站及货代三方的数据库与物流公共信息平台对接，也就是先与物流公共信息平台建立合作关系，实现信息资源的共享与整合。随着国家对信息化建设的支持力度越来越大及政府对航空港越来

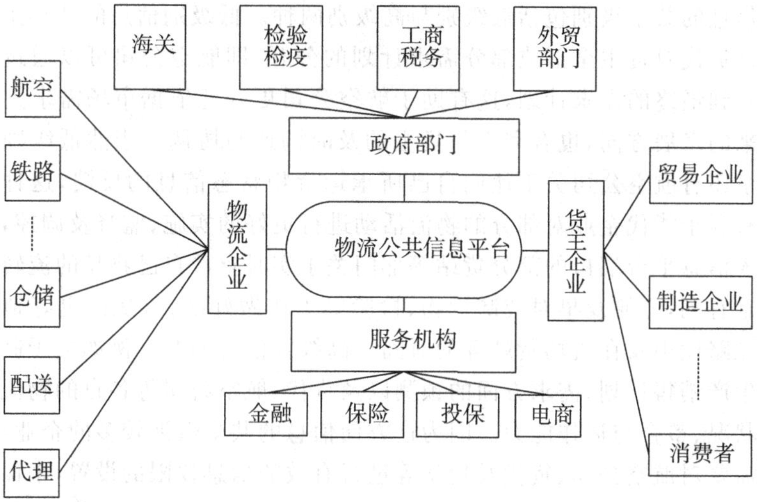

图 6-2 航空港相关数据库对接物流公共信息平台基本结构

越重视,可以以当地交通运输厅为牵头部门与航空港管理委员会配合统一规划、协调主导,并积极引导一些专业的公司利用其丰富的物流服务经验和强大的技术实力拓展物流公共信息平台的服务功能,逐步实现航空港海关部门等与物流公共信息平台的互联进而提高航空港信息共享的水平。

6.2.3 货代、货站和航空公司信息共享

航空物流服务链运营机制具体如图 6-3 所示。

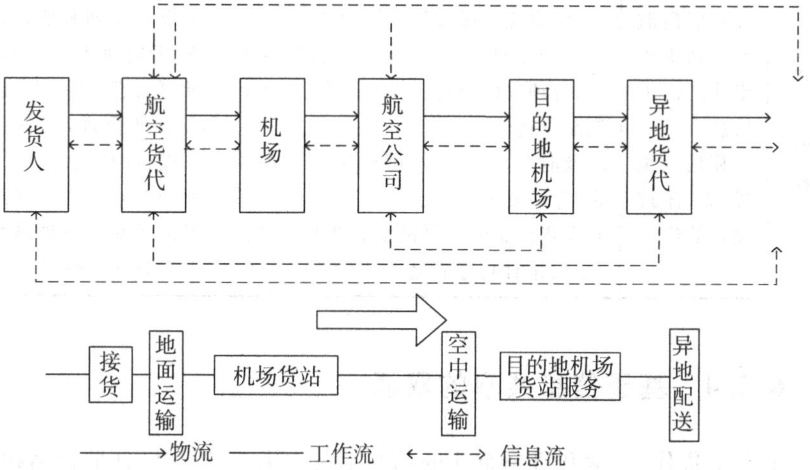

图 6-3 航空物流服务链运营机制

信息的共享级别包括低级别与高级别两种。低级别信息的共享主要涉及的是货代对货主全部或部分需求计划的公开，即航空公司可以通过信息平台看到最终的需求计划，这有助于航空公司更好地依据市场需求判断自身未来的发展方向，也有利于与货主的及时沟通与协调。当然低级别的信息共享还有航空公司关于他们自己所承运货物状态信息的反馈，这种共享不仅有利于货代企业对部分的物流活动进行更好的实施、监督及调控，而且对接入信息平台端口的部分货站等部门关于实时查看自己物品的流转的状态非常有利，方便及早对装卸货物、检验等工作做好准备，从而更好地节省物流在路途中及在机场货站等的时间。高级别信息的共享例如关于制造企业的生产销售计划、需求方面的预测以及货代、航空公司等各自的物流方面资源状况、整合与运作能力。因为这方面信息的共享牵涉较多的企业机密，所以需要对航空公司、货代及货站等进行有效的信息权限的设置，来保证信息的安全性。同时，高级别的共享信息相对于低级别的信息而言，对整个航空港竞争力的提高更有利，但风险也是比较大的，因此，可以先把航空公司、机场货站及货代企业等数据库与物流公共信息平台互联，再逐步实现航空港其他利益相关者之间的信息共享。例如，货代、航空公司、货站之间信息共享内容具体如表 6-4 所示，加入信息平台后航空物流服务链运营机制具体如图 6-4 所示。

表 6-4　货代、航空公司、货站之间信息共享内容

主体			
	货代企业	机场货站	航空公司
共享内容	1. 及时向航空公司提供市场需求信息 2. 积极组织货源，合理预订舱位	1. 按航空公司要求依计算机制定模式，依据优先级合理装运货物 2. 充分了解航空公司的运价变化情况，合理收取货物装卸服务费，合理控制航班运输量 3. 及时告知航空公司运送货物的数量、运输要求等 4. 向货代企业提供机场装卸和机坪配载、操作时间等情况	1. 提供所有航空公司的航班计划和舱位情况；及时通知货代企业航班取消或延误情况 2. 公平合理，保证预订舱位的供给 3. 向货代、机场货站及时通知航班增减情况和货邮量情况

6.2.4　基于信息共享的双赢

航空港货代、运输和机场企业的信息对接到物流公共信息平台结构具体如图 6-5 所示。

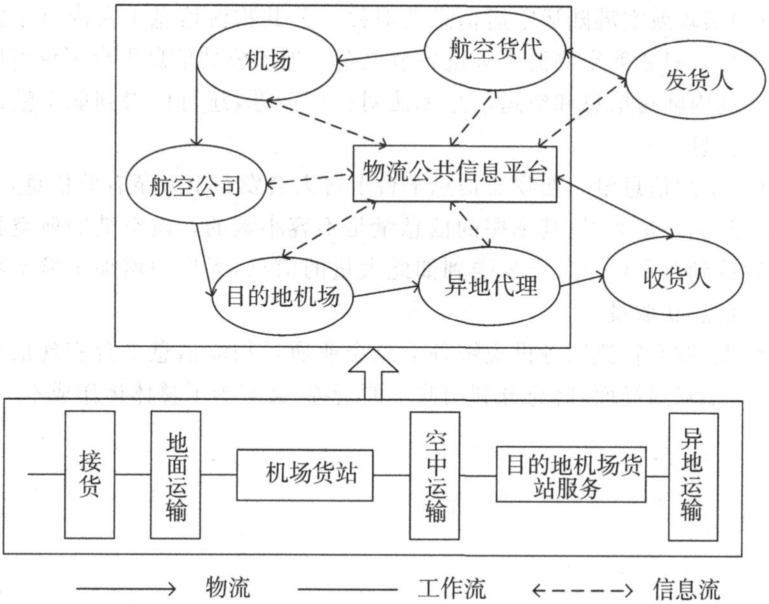

图 6-4 加入信息平台后航空物流服务链运营机制

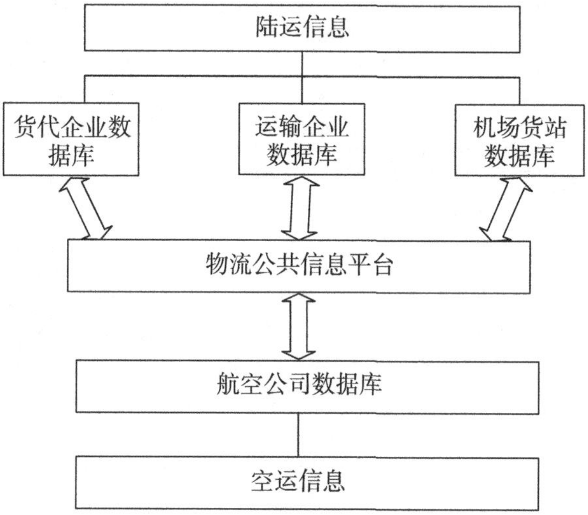

图 6-5 信息系统对接结构

如果航空港航空物流企业能与物流信息平台实现对接，会是一个双赢的结果。这对航空港的航空物流企业来说是一次难得的机会，对航空港航空物流服务链的发展也会有良好的推动作用，现实意义上的好处主要有以下两点：

(1)实现航空港陆运空运信息的对接。公共物流信息平台内有丰富的陆运信息。只要航空物流服务链各节点企业加入公共信息平台不仅可以解决航空港内陆运信息和空运信息无法对接的问题,还可以得到航空港以外的陆运信息。

(2)增加信息量。在物流信息平台上每天会发布上万条有效信息,其注册用户达到一定数量,其掌握的信息量是不容小觑的。航空港的航空物流企业对接到此平台上就会享受到如此大量的信息,无形中增加了航空物流企业的信息获取量。

综上,航空物流服务供应链各节点企业通过物流信息平台实现信息共享,是一个双赢局面,既充分利用共享的资源,又节约了整体运作成本。

第7章　基于信息共享的激励机制设计

航空物流服务链中的各个成员都是相互独立的，他们之间若想实现信息共享必须要有清晰的利益来往作为支撑，如果没有利益的支撑各个节点企业之间是很难实现信息上的共享的，尤其是重要的信息。当某些企业掌握着比较重要的信息时，一般会出现两种情况，一种是自己把有意义的信息留存下来，以便在之后的竞争中获得主动权，以此来谋取更多的利益。这时，其他企业将会利用各种各样的激励手段，让其把自己掌握在手的至关重要的隐秘信息共享出来，这种情况叫作信息甄别 。另一种情况是把自己手里掌握的信息共享出去，并利用这些有利用价值的信息得到跟核心企业合作的机会，这种情况叫作信息传递 。对于市场现有货物量，不同的货代公司可能会收集得到不同的信息，这时，他乐意分享自己掌握的重要信息的前提是其他的节点企业也同样乐意分享他们各自掌握的有意义的信息。但是只要信息发生共享，就会有各种风险随之而来，当企业觉察到共享自己的信息会有风险时，他们可能会为了规避风险从而选择放弃信息共享的机会。这就需要一些激励机制来为信息共享保驾护航，让企业打消心中的顾虑，共享出自己掌握的一些有价值的信息。

7.1　基于利润增长的信息共享激励机制

针对各节点企业在进行信息共享前后的利润是否会增加这一问题，要想解决此问题的最直接的方法就是让企业看到进行信息共享之后的利润会增加。用数学建模的方法，经过一系列的公式推导，及逆向归纳，最终得出了一个令人满意的结果。

7.1.1　利润增长激励模型构建

模型以斯坦科尔伯格博弈模型作为基础，依赖线性信息支付系数并表现为航空公司的支付奖励，分析货代企业和航空公司没参与信息共享之前与参与信息共享之后的利润变化情况，以及航空公司提供支付系数的约束范围，从而激励链条当中的各个节点企业乐意分享自己掌握的信息并且积极提高共享信息的准确度，实现服务链成员的“共赢”，提高服务链的整体效益。

1. 模型描述

该模型假设服务链由处于上游的一个航空公司和处于下游的一个货代企业组成，航空公司出售舱位给货代企业，再由货代企业给货主一个价格。航空公司和货代企业都是风险中性的，航空公司具有充足的舱位供给。航空公司制定航空运输的价格，货代企业控制整合货物的数量以及提供给货主一个运输价格。然后货代企业再根据航空公司提供的条件决定是否参与信息共享。

2. 参数假设

q：货代公司整合货物的数量；

ω：航空公司给货代企业的运输价格；

ω_0：航空公司根据货代企业整合货物的数量所定的货物的最高运价；

m：航空公司给予货代企业的价格折扣率；

p：货代企业给货主提供的每单位货物的运输价格；

c：航空公司的单位运输成本，包括两部分，一部分是纯运输成本 c_1，另一部分是由于信息不对称造成的风险成本 c_2，$c=c_1+c_2$。

航空公司对货代企业的报价 ω 是货代企业整合货物量的一个减函数，即

$$\omega = \omega_0 - mq(\omega_0 > 0.1 > m \geqslant 1)$$

货代企业给货主提供的运价 p 与其整合货物量之间存在的线性关系：

$$p = a - bq(a > 0, b \geqslant 0)$$

3. 模型分析

航空公司和货代企业信息不共享的情况：

双方以自身利益最大化为出发点，航空公司首先根据货代企业整合货物的数量制定运输价格 ω，即确定 ω_0，货代企业根据航空公司提供的运输价格对其整合货物的货主提供的价格 p 和整合货物量 q 进行决策，这时货代企业处于被动地位，航空公司和货代企业之间进行非合作博弈，相应的解称为斯坦科尔伯格(Sackelberg)均衡。则货代企业所获得的利润：

$$\Pi_R = (a - bq - \omega_0 + mq)q$$

由

$$\frac{\partial \Pi_R}{\partial q} = (-b+m)\cdot q + a - bq - \omega_0 + mq = 0$$

得

$$q = \frac{a-\omega_0}{2(b-m)}$$

从而航空公司的利润为

$$\Pi_S = \left[\omega_0 - m\cdot\frac{a-\omega_0}{2(b-m)} - C\right]\cdot\frac{a-\omega_0}{2(b-m)}$$

由

$$\frac{\partial \Pi_m}{\partial \omega_0} = \left[1+\frac{m}{2(b-m)}\right]\cdot\frac{a-\omega_0}{2(b-m)} - \left[\omega_0 - m\cdot\frac{a-\omega_0}{2(b-m)} - c\right]\frac{1}{2(b-m)} = 0$$

解得航空公司给货代企业提供的最高定价为

$$\omega_0 = \frac{ab+bc-mc}{2b-m}$$

货代公司最终获得的运输价格

$$\omega = \frac{a-c}{2}$$

货代企业整合的货物量为

$$q = \frac{a-c}{2(2b-m)}$$

货代企业的利润为

$$\Pi_R = \frac{(a-c)^2(b-m)}{4(2b-m)^2}$$

航空公司的利润为

$$\Pi_S = \frac{(a-c)^2}{4(2b-m)^2}$$

航空公司和货代企业信息共享的情况：

双方进行信息共享，航空公司为了刺激货代企业提高其共享信息准确度 t，给货代企业提供了一种支付奖励制度，让货代企业为了得到奖励而提高信息的精确度，其中线性信息成本支付 $L(c)=\rho(c_0-c_t)$，其中，c_t 为信息共享时航空公司的广义边际成本；c_0 表示信息不共享的情况下航空公司的广义边际成本；ρ 为支付系数，每当边际成本降低的时候，航空公司都会支付给货代企业一定数量的资金作为奖励。而货代公司为了持续获得该奖励便会一直向航空公司提供信息，并且为了获得更高的奖励，他还会主动提高信息准确度。

货代企业利润函数改写为

$$\Pi_R' = [\rho - \omega' + \rho(c_0 - c_t)]\cdot Q$$

由

$$\frac{\partial \Pi'_R}{\partial Q} = a - \omega'_0 + 2(m-b)Q + \rho(c_t - c_0) = 0$$

得

$$Q = \frac{a-\omega'_0}{2(b-m)} + \frac{\rho(c_0 - c_t)}{2(b-m)}$$

则

$$\omega'_0 = \frac{ab + bc_t = mc_t}{2b-m} + \rho(c_0 - c_t)$$

在双方信息共享情况下，货代企业观察到的运输价格必须不高于非合作情况下的价格，否则货代公司不会参与共享，从而航空公司最高定价不能大于 ω，即 $\omega'_0 \leqslant \omega_0$ 或 $\omega' \leqslant \omega$，即

$$\frac{ab + bc_t - mc_t}{2b-m} + \rho(c_0 - c_t) \leqslant \frac{ab + bc - mc}{2b-m}$$

或

$$\frac{a+c_t}{2}\rho(c_0 - c_t) \leqslant \frac{a-c}{2}$$

由于 c_0 为不合作情况下航空公司的广义边际成本，即 $c_0 = c$，得到转移支付系数 ρ 的取值范围 $\rho \in \left(0, \frac{b-m}{2b-m}\right)$ 或 $\rho \in \left(0, \frac{1}{2}\right)$，

易证

$$\frac{b-m}{2b-m} \leqslant \frac{1}{2}$$

所以

$$\rho \in \left(0, \frac{b-m}{2b-m}\right)$$

在信息共享与不共享情况下，航空公司的利润函数分别为：

$$\Pi'_S = \frac{(a-c_t)^2}{4(2b-m)}$$

$$\Pi_S = \frac{(a-c_t)^2}{4(2b-m)}$$

在信息共享与不共享情况下，货代企业的利润函数分别为：

$$\Pi'_R = \frac{(a-c_t)^2(b-m)}{4(2b-m)^2}$$

$$\Pi_R = \frac{(a-c)^2(b-m)}{4(2b-m)^2}$$

从以上分析可以看出，两种情况下，最终得到的利润函数中除了边际成本外，其他的参数都相同。所以，航空公司和货代企业利润的大小取决于航

空公司边际成本的大小。当航空公司边际成本减小时，两方的利润都增加，航空公司为了减少边际成本，必须激励货代企业积极参与信息共享。在取值范围内调节转移支付系数 ρ 可实现航空物流服务链的协调，同时，货代企业为了获得航空公司提供的支付奖励，将会积极参与信息共享，从而实现服务链成员企业的“共赢”。

7.1.2 数值仿真

根据以上构建的模型利用逆向归纳法将其简化为：航空公司为了了解市场情况主动提出信息共享，并承诺给货代公司一定的支付奖励，并且第一次的支付奖励数额已知，货代公司根据奖励的多少决定是否进行信息共享，如果选择共享还要看最后双方的利润是否达到预期效果再决定是否继续共享信息，如图 7-1 所示。

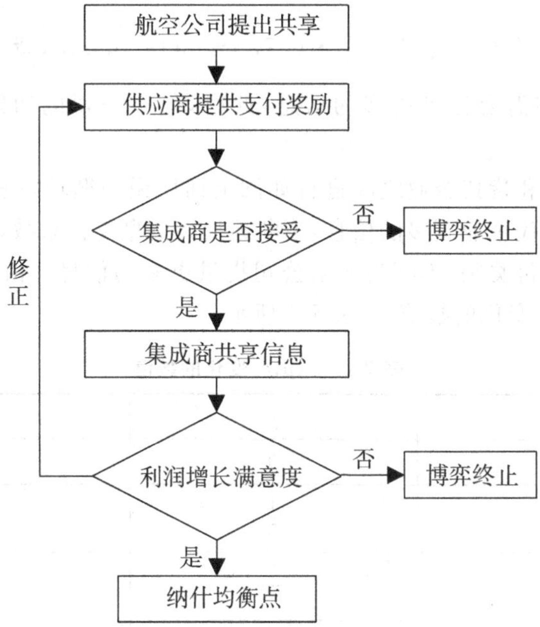

图 7-1　博弈流程

从最后的利润函数中可以清晰地看出，在信息共享与不共享的情况下航空公司与货代公司的利润如何变化均与其他变量无关，只与航空公司的边际成本有关。因此我们只需要对各个参数在其有效的取值范围内进行赋值，便可以得到航空公司与货代企业的利润随航空公司边际成本的变化情况。

首先我们假设参数 $a=100, m=0.02, b=1$。结合 $L(c)=\rho(c_0-c_t)$ 做数值仿真分析。博弈如下：

航空公司为了激励货代企业信息共享首先给其一定的支付奖励，设初始 $L=0.5, c=90, \rho=\frac{1}{5} c_t=87.2$，为了获得支付奖励货代企业提供航空公司所需要的信息，航空公司的边际成本也降到了 87.2。

航空公司为了得到货代企业更多的信息，将信息支付系数调到$\frac{1}{4}$，则需付出的支付成本 $L=\frac{1}{4}\cdot(90-87.5)=0.625$，而货代企业为了获得这份奖励需提供更多的有价值的信息。由于掌握的信息更多，航空公司的边际成本继续降低，航空公司的边际成本 $c_t=87.2-0.625\cdot 4=85$。

航空公司尝到了好处，会继续提高信息支付系数到$\frac{1}{3}$，现在航空公司需要付出的支付成本 $L=\frac{1}{3}\cdot(87.5-85)=0.833$，货代企业为了获得这份奖励则需要提供更多的信息，此时，航空公司的边际成本又会降至 82.5。

航空公司和货代企业之间进行如同上面所说的循环重复博弈，航空公司为了得到货代企业更多的信息，不断地提高信息支付系数，货代企业为了得到更多的支付奖励，不断为航空公司提供更多的信息。由此得到了一系列关于 L,ρ,c_t 变化的数值，如表 7-1 所示。

表 7-1　L,ρ,c_t 变化的数值

L	ρ	c_t
0	0	90
0.5	$\frac{1}{5}$	87.5
0.625	$\frac{1}{4}$	85
0.833	$\frac{1}{3}$	82.5

将 a,b,m,c_t 分别代入航空公司和货代企业的利润函数中，得到在信息共享与不共享情况下航空公司和货代企业的利润随 ρ 的变化情况，如表 7-2 所示。

表 7-2　双方利润随 ρ 的变化值

ρ	c_t	$\Pi'_S=\frac{(a-c_t)^2}{4(2b-m)}$	$\Pi'_R=\frac{(a-c_t)^2(b-m)}{4(2b-m)^2}$
0	90	12.626	6.250
$\frac{1}{5}$	87.5	19.729	9.766
$\frac{1}{4}$	85	28.409	14.063
$\frac{1}{3}$	82.5	38.668	19.141

(1)航空公司利润随 ρ 的变化情况。

当 $\rho=0$ 时，代表航空公司和货代企业不进行信息共享时的情况，随着 ρ 值的增大航空公司的利润也不断增大，如图 7-2 所示。

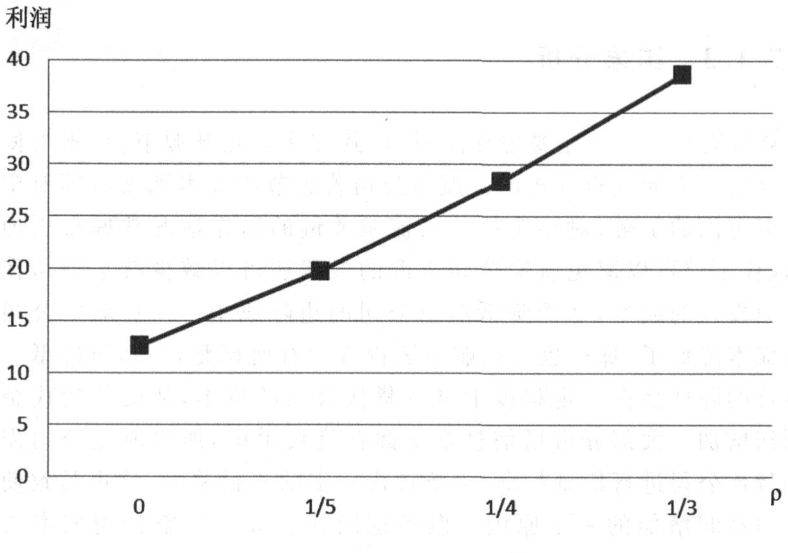

图 7-2　航空公司的利润随 ρ 的变化趋势

(2)货代企业利润随 ρ 的变化情况。

和航空公司的情况类似，货代企业的利润也会随着 ρ 的变大而不断增加，只是利润额会比航空公司偏低一点，如图 7-3 所示。

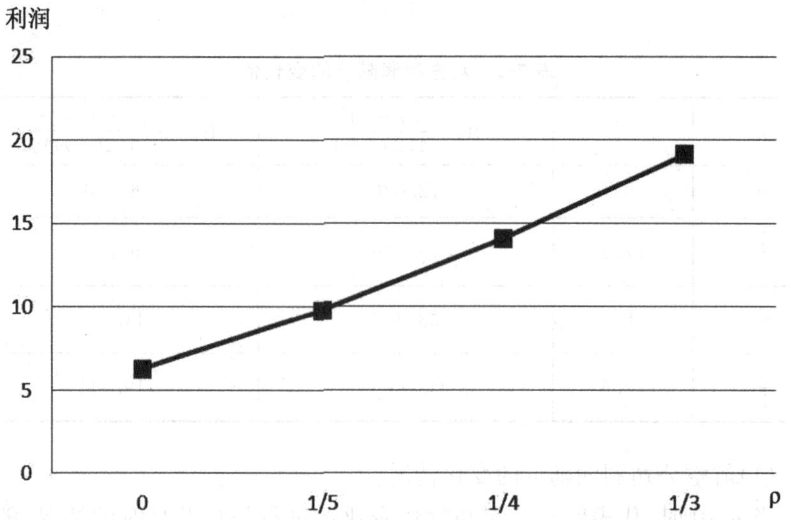

图 7-3　货代公司利润随 ρ 的变化趋势

7.1.3　结果分析

众所周知一个企业要想提高利润，其方法就是开源节流，本书便是从节流这一方面进行分析的。航空公司若想节约成本那就必须对市场需求有更深的了解，对整个航空物流服务链的运作情况掌握得更加详细，这样不仅可以避免航空公司资源的浪费还可以减少航空公司在监管方面投入的成本，从而降低航空公司的边际成本。一旦航空公司的边际成本降低了，那么也会在航空运价方面有所调整，使运价降低。航空运价的降低会在一定程度上减少货代公司的成本，从而使货代企业的利润增加。大部分市场信息都掌握在货代手中，所以航空公司需要激励货代公司进行信息共享，给予货代一定的支付奖励，这也是致使货代公司利润增加的一个原因。但是这同样会导致航空公司成本的增加，不过从数据来看这点成本的付出为他带来了巨大的好处，反而使他的边际成本降低了，从而使航空公司的整体效益提高。从最后的利润来看在信息共享中贡献信息比较多的货代企业获得的利润却比较低，这便是斯坦克尔伯格模型中需要引起注意的一点，可以设计一种利润分配的方法减小两者之间的利润差。

另外，从航空公司和货代企业的利润增长速度来看，他们的利润增长速度都是不断减慢的，例如航空公司的利润增长率分别为 56.2%、44.0%、

36.1%。随着博弈次数的增加，双方的利润增长率会不断降低，当博弈的次数达到一定程度的时候，双方的利润会达到一个最优值不会继续增加，不仅如此其他的指标也都处于最优状态，这时双方便会努力维持这一状态，这一状态即完全信息共享状态。

7.2 基于技术支持的信息共享激励机制

实现信息共享的基础便是与公共信息平台，这就要求接入平台的公司与公共信息平台在信息系统上运用的技术是一致的，这样才能保证企业能与平台实现有效对接，不会互相排斥。这就要求企业改变自己已有的信息系统，采用与平台一致的系统，这就意味着企业要重新将大量的资金投入到信息系统的改变当中去。大多数企业可能会因此拒绝接入物流信息平台当中。这时就需要一些适当的激励措施来激励企业更改已有技术，接入物流信息平台。

7.2.1 政府政策支持

1. 政府补贴

解决这种问题最直接的办法就是降低企业接入平台所花费的技术成本，一般遇到此类问题最先想到的策略便是政府提供支持，因为航空港是国家扶植的项目，又是地方政府经济发展的重中之重，政府肯定会下大力度去支持项目的发展。如果政府能够在资金上给予一定的支持，可能会让企业接入平台的机会更大一些。

首先政府要全面仔细地调查航空港每个企业的真实情况，并把企业按其现有的信息化水平分成若干个等级，然后按照企业所在的等级为其提供相应的财政补贴，让其完善信息，以便与物流公共信息平台进行对接。此外政府还要组织专人负责补贴款去向的监督工作，保证补贴款全部应用于被补贴企业的信息化建设。

2. 担保贷款

企业贷款一般要以厂房、土地、机器设备等固定资产作为抵押，然后银行对资产进行估值，并按一定的比例向企业放贷，如果在没有担保的情况下，银行一般会按估值的30%～50%向企业放贷，但是如果有担保的话这个比例会提升至80%，然而如果找民营担保公司进行担保的话，需要向其缴纳很高的担保费，不仅如此，民营担保公司还会要求企业将贷款的15%存入担保公司内作为保证金。即使贷了款，最后留到手里能用的资金也所剩无几了。

此时政府可以伸出援助之手，跟当地的银行和放贷企业进行合作，以政府的名义为航空港的中小型企业提供担保，让他们更容易获得银行的贷款，从而有资金来完善自身的信息系统。当然同(1)中一样，政府必须要对贷款的用途严格监督，获得的贷款只能用于信息系统的建设和完善，不能用于其他项目。

7.2.2 大企业帮扶小企业

航空港内有很多大型企业，他们自身已经拥有比较完善的信息系统，但是信息共享并不只存在于大型企业之间，中小型企业也是信息共享中的关键企业，比如说货代企业，市场上众多有价值的信息正是靠这些中小型企业来收集的，所以中小型企业的信息技术水平才是信息共享的关键。虽然得到了政府的政策支持，但是要想克服技术问题还需要技术比较成熟的大型企业对其进行技术上的帮助。

根据以上分析，航空港实力最为雄厚的企业便是航空公司，航空公司对信息技术的投入也是最多的，航空公司都有自己的信息系统，而且技术比较成熟。所以在以大帮小的策略中最核心的企业就是航空公司，航空公司应该利用自己现有的技术水平帮助资金薄弱的中小型企业，完善他们自身的信息系统，避免各个企业闭门造车影响之后的信息共享的整体水平。

航空公司在完成自身的技术变更之后，可以帮助中小型企业来改进企信息技术，让其有能力对接到物流信息平台当中。

当然，航空公司并不是无偿地为其他企业提供技术支持，他们之间可以通过签订合约的方法建立一个小型信息共同体，小型企业从市场中获得的第一手资料要首先共享给为其提供技术支持的航空公司。而航空公司将会持续对其下游的小型公司提供技术支持。

7.2.3 实例论证

浙江省国家交通运输物流公共信息平台是国内最大的物流信息交换标准制定者和物流互联网根服务器，同时也是《国务院物流业发展中长期规划(2014—2020年)》的重点工程。目前平台已服务企业40万家，其中制造业28%、商贸业17%、交通运输及仓储业55%，年服务物流货值13.5万亿元[142]。

但是平台建设初期也遇到了同样的问题，那就是很多企业因为进入平台需要投入的技术成本太大，所以不愿意去冒这个险。浙江省政府为了激励企业能够加入到平台当中，给予了很多优惠的政策，并投入了大量资金对有意进入平台的企业进行技术补贴，这样一来，不仅减少了资金问题给企业带来的压力，还降低了企业进入平台的风险。正是有了政府在政策和资金上的支持，才开始由企业陆续对接到平台中，并用短短四年的时间发展到了现在的规模。

7.3 基于信息安全的信息共享激励机制

7.3.1 淘汰激励机制

所谓淘汰机制是指淘汰那些具有违背信息共享契约、提供虚假信息、为个体利益私自泄露其他企业商业机密等失信行为的企业[143]。为了防止一些企业为了一己私利泄露航空服务链中的重要信息，需要利用淘汰机制来对平台中参与信息共享的所有企业进行负面激励，震慑那些有不良想法的企业。一旦他们触碰到了规则的底线就会面临被平台淘汰的结果，这样不仅会使单个企业蒙受损失，还会使整个服务链受到巨大损失，使服务链也会面临被淘汰的结局。让各个企业想到泄露信息的结果便不敢为了贪图蝇头小利而做出对企业将来发展不利的行为。在淘汰机制的作用下，各节点企业为了长远的利益，会自觉规范自己的行为。

7.3.2 监督机制

首先在企业对接到平台之前，政府需要制定一系列关于淘汰机制的行为规范以及一套评判体系，做到“有法可依”，然后设立专门的监督小组对平台中各企业的行为进行监督，做到“有法必依”，凡是违反规定的企业，都要给予相应的惩罚，做到“违法必究”，当所受惩罚达到淘汰的标准时，将其淘汰，做到“执法必严”。以此来震慑企业，避免其出现或者连续出现违反规定的行为。只有提前制定这样一系列的制度，降低发生信息安全问题的可能性，才能让企业更愿意对接到公共信息平台中，共享自己的信息。

7.3.3 契约激励机制

淘汰机制虽然对平台中的企业能达到震慑和激励的效果，但是并不代表企业不会为了眼前的利益做出威胁平台中信息安全的举动。所以，为了给平台的信息安全再加上一道保护膜，各节点企业之间应当签订保密协议。保密协议的具体内容由核心企业（这里指航空公司）来制定，一旦有企业做出威胁信息平台信息安全的行为，便让其付出惨痛的代价。保密协议的内容包括机密信息保密约定、知识产权保护协议、业务信息保密协议和技术支持违约责任，如图 7-4 所示。

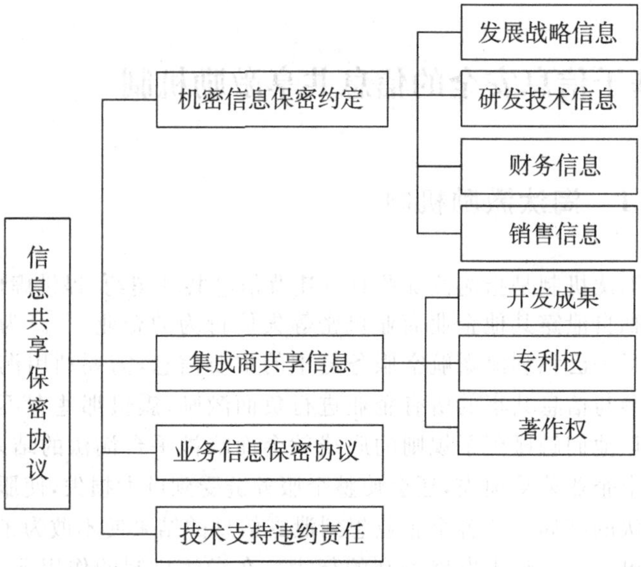

图 7-4　保密协议内容框架

签订这样一份保密协议，可以从法律的层次上来震慑和制约各节点企业，让其不敢做出威胁平台信息安全的行为，为平台持续良好的运行提供了可靠的保障。

综上，基于信息共享的利润增加能有效激励物流供应链信息共享的程度和质量。信息共享对航空物流服务链各节点企业非常重要，不仅可以提高作业效率，还可以使各节点企业的利润得到增长。这些都让航空公司和货代企业双方直观地看到信息共享带来的好处，达到很好的激励效果。随着社会的进步，强硬的制度越来越不能适应时代的需求，人们更加认可的是带有激励性的制度。对于不同的问题都可以用不同的激励机制来解决，各种各样激励对于实现企业间的信息共享是至关重要的。

第8章　基于信息共享的利益分配机制

航空物流服务供应链各节点企业与物流公共信息平台对接，但各主体并不是单独存在的，说服政府机关、航空公司、货代企业及机场货站等把涉及自己的一些机密的信息资源纳入信息平台，就需要设计有效的信息共享机制。本书主要讨论基于信任问题和利益分配问题的物流服务供应链中个别成员不愿共享信息原因并提出相应的信息共享机制。

8.1　博弈分析

因为航空物流服务供应链中货代企业、航空公司、货站等主体之间的利益不是完全一致的，以至于他们之间存在着相互博弈的行为，这对航空物流服务供应链整体效率的提高产生直接的影响。如货代企业主要受航空公司航班、航线限制及受机场操作时间、效率限制，航空公司无法直接与客户接触，难以获得真实的市场需求、信息服务质量受货代影响、货代控制大部分货源、装卸机配载权由机场货站控制，且机场货站对运价变化不予考虑。以货代与航空公司为例进行博弈分析。货代最大的利益诉求就是能获得航空公司一些航班和航线等方面的信息，航空公司能保证货代企业舱位的充分；航空公司最大的利益诉求就是可以从货代那里获得更多的客户需求信息以便合理安排舱位制定计划等。

8.1.1　基于一次信息共享的信任博弈

假设信息平台下的成员在信息共享时的博弈行为包括信任和不信任。信任也就是说成员间遵守事先约定好的内容，相互关照对方利益。不信任也就是说只从自己的利益出发。以货代和航空公司为分析对象，若两者之间均选择"信任"对方，则收益为 X；若两者均选择"不信任"对方，则两者收益为 Y；若其中一方相信对方另一方不信对方，那么选择不相信的一方的机会主义让他收益为 A，选择相信的收益受损为 B，且 $A>X>Y>B$。他们之间博弈收益情况如表 8-1、表 8-2、表 8-3 所示。

表 8-1 一次信任博弈的收益矩阵

航空公司＼货代	信任	不信任
信任	(X,X)	(B,A)
不信任	(A,B)	(Y,Y)

可得，在一次博弈中，货代和航空公司均是站在自己的角度考虑使自己获利更多收益的策略。从表 8-1 得到，航空公司选择“信任”时，对货代来说，最佳策略是“不相信”，原因在于 $A>X$。假如货代采取“不信任”，航空公司最佳选择是“不信任”，原因是 $Y>B$。当航空公司采取“不信任”态度时，为了使自己的利益最大化货代也会选择“不信任”。则该博弈的纳什均衡是(不信任，不信任)，也即在一次博弈中，双方均选择不信任时可以实现纳什均衡，但是此时并没达到帕累托最优，(信任，信任)的博弈组合才能达到帕累托最优，因为此时双方的获益优于(不信任，不信任)。

因此，在一次博弈中，货代与航空公司都会选择不信任对方。因为两者都是只看到眼前的短期利益，所以需要进一步改进纳什均衡。

8.1.2 基于多次信息共享的信任博弈

在多次重复博弈下，成员考虑更多的是长期利益，不是短期投机的一次性收益，所以彼此之间就会更相信对方。为了简化博弈过程，假设两者之间实力均衡，在平台下，不相信对方的行为会让违约的一方单方面得到比选择信任多出 C 的收益，此时给对方带来的损失为 D。博弈收益情况如表 8-2，其中 $X>Y>X-D$。在重复博弈中，货代和航空公司均得到一定的收益，把各期的收益总和加起来比较不同的策略收益大小。加入货币的时间价值，假如 r 是贴现因子，且 $0<r<1$，那么从现在开始，假如货代和航空公司一直选择信任，则各自获得的总收益为：

$$(1+r+r^2+\cdots+r^n)X=\frac{(1-r^n)}{1-r}X \tag{8-1}$$

假如两者从此再也不相信对方，那么各自的总收益为：

$$(1+r+r^2+\cdots+r^{n-1})Y=\frac{(1-r^n)}{1-r}Y \tag{8-2}$$

通过式(8-1)和式(8-2)得到

$$\frac{(1-r^n)}{1-r}X-\frac{(1-r^n)}{1-r}Y=\frac{(1-r^n)}{1-r}(X-Y)\approx\frac{1}{1-r}(X-Y) \tag{8-3}$$

在式(8-3)中，得$\frac{1}{1-r}(X-Y)>0$，即长期共享信息下，信任得到的收益大于不信任所得的收益。

表 8-2 多次信任博弈的收益矩阵

航空公司＼货代	信任	不信任
信任	(X,X)	$(X-D,X+C)$
不信任	$(X+C,X-D)$	(Y,Y)

在上述过程中，假如对方欺骗一次，则在以后不再信任对方，选择不相信的成员最多只能获利一次，就是说得到$X+C$，比相信的收益多出C，虽然得到了短期收益。但一次的欺骗带来的是长远的损失，不相信的一方再也得不到收益X，只能得到Y。所以长期损失E

$$E=\frac{r}{1-r}X-\frac{r}{1-r}Y$$

$$=\frac{r}{(1-r)}(X-Y) \tag{8-4}$$

只要不信任的短期利益小于长期损失，企业就不会选择不相信对方，即

$$C<\frac{r}{1-r}(X-Y) \tag{8-5}$$

当贴现因子$r>\frac{C}{X-Y+C}$，假如货代与航空公司继续长期合作的话，以后的长期收益就大于不信任所获得的短期收益，各成员就不会选择欺骗对方。彼此的帕累托最优为(信任，信任)，也就是说双方成员一般不会只是看到眼前的利益去交换长远的利益而选择不信任。但是企业成员的经营期长短不同。如果某些成员企业的经营寿命比约定的合同时间短就达不到无限重复博弈的次数，很容易引起一些企业的投机行为。

因此，为了减小机会主义带来的风险，很有必要加入违约惩罚的契约约束。即为降低机会主义风险必须引入违约惩罚的协议约束，即如果违约就需要付出一定的代价来约束成员的行为。此时博弈的收益矩阵也发生了变化。也就是通过改变支付影响博弈方的策略选择，其博弈的收益矩阵变化见表8-3。F代表加入一方违约时需要有F的违约金给对方，因此可以用加大契约违约成本的方式减少机会主义行为的发生。当$F>C$时，博弈矩阵中(信任，信任)的策略组合是唯一的纳什均衡解，即达到了双方的最优解。但必须注意的是只有契约约束是不能完全防止机会主义

的发生。

表 8-3 惩罚机制下的多次信任博弈的收益矩阵

航空公司＼货代	信任	不信任
信任	(X, X)	$(X-D+F, X+C-F)$
不信任	$(X+C-F, X-D+F)$	(Y, Y)

因此，还需要其他机制的配合使用，才能更好地促进成员之间共享信息，长期合作，共同发展。

8.2 信任机制的构建

通过以上分析知道，航空物流服务供应链成员，选择信任共享信息将会更持久长远发展。航空物流服务链实际上是节点企业之间的关联交易，信任显得尤为重要，信息平台是资源集成中心，必须了解各成员的能力、资源与需求，但在实际的交易中因为相互之间并不熟悉，有的甚至是在平台中第一次寻找业务中问题的解决方案，对一些服务供应商存在种种疑虑和不信任，这可能会影响到整个环节职能执行。另外，有的客户可能仅交易一次就退出了，刚建立的信任也会随之流失，说明平台的用户黏性有待加强，平台建设也需进一步完善。而且，网络欺诈也威胁着服务链的安全和稳定，一些企业通过注册虚假信息，随后经过在线交易骗取货款和服务费等，给客户造成巨大的财产损失，也削弱了信息平台的竞争力。因此为了平台的稳定运行，建立信任机制是十分必要的。

8.2.1 建立规章制度规范成员行为

通常情况下，成员过去的行为对现在及将来的行为有重大的影响，所以成员之间长时间连续、可靠的关系可能会进一步转化为彼此之间的相互信任，而彼此相互之间的信任进一步发展可以带来更大的利益时，相互之间的信任度也会进一步提高。因此，起初需要制定相应的制度规范成员的行为，促使平台成员在交往过程中逐步加大信任，成员间信任关系发展路径过程具体如图 8-1 所示。

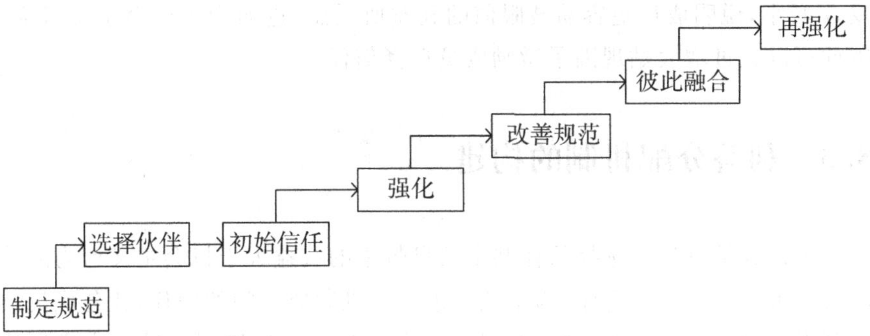

图 8-1 成员间信任关系发展路径过程

8.2.2 加大信息认证的力度

航空港主要是通过招商引资引进企业，因此要对注册信息认证、安全认证、资质认证、系统评价等严加考核。从源头防止不安全的虚假信息，把不诚信成员拒之门外，从而加大平台交易的安全性；此外在交易中对客户和相关成员进行跟踪评价，评估他们的资信状况，提高平台运行的稳定性。

8.2.3 定期进行信用评审

用平台记录的以前的交易数据以及客户的评价和系统评价模型，对相关服务提供者甚至客户等进行定期的信用评审，按一定的标准线，对评审得分不达标的通知其自动退出平台，并列入黑名单。相反，对得分高的，适当地给予奖励，如果表现一直突出的平台将更多地提供各方面支持和保障。

8.2.4 增加欺骗成本、合作收益及贴现因子

加大欺骗的成本，可以通过加大退出平台的成本来实现，假如有的成员不愿意继续在平台上共享信息，那么声誉等都将受损，提前定好相应的契约，规定一些不可撤销的投资来限制对方，督促彼此之间均能站在对方角度，荣辱与共，全面考虑整体的利益，从而降低欺骗的可能性。通过上述博弈分析可知：提高彼此之间信任的合作收益 X，X 越大，$\frac{C}{X-Y+C}$计算结果就越小，则说明对贴现因子要求就不会太严格，越有利于成员之间的信任。随着 r 的增大，成员对眼前收益的偏好减少，则更利于成员之间的信任。相

反，r 减小，说明成员更容易被眼前的利益所诱惑，进而产生机会主义行为，因此可以通过增大贴现因子激励成员选择信任。

8.3 利益分配机制的构建

平台成员意识到选择信任共享信息带来的收益大于机会主义行为的总收益时很可能会选择合作，为了减少进一步巩固成员间的信任，让各成员加入到平台实现长久合作，就需要建立合理的利益分配机制来进一步增加他们加入平台共享信息的意愿。

8.3.1 考虑投入大小的利益分配法

如果用 I_i 代表平台下信息共享的三个成员中各成员 i 的投入，站在成本的视角分析，I 可以由式(8-6)得到，即：

$$I_i = f(C_i),i = 1,2,3 \tag{8-6}$$

其中：C_i——各成员的基本投入；

f—不同投入的评估函数。

关于基本投入既有有形投入又有无形投入及其他投入，关于投入的评估可以通过折旧、期间成本、历史数据、专家评估等得到。投资大小向量用 $I=(I_1,I_2,I_3)$ 表示：

$$\phi_i(v) = \frac{I_i}{\sum_{i=1}^{3} I_i} v(N),(i = 1,2,3) \tag{8-7}$$

其中：$\phi_i(v)$——成员 i 加入信息平台共享信息所分配的利益；

$v(N)$——3 个成员通过信息平台共享信息的总体利益。

通过式(8-7)很明显可以看出，通过平台共享信息的成员的利益分配与各成员对平台的投入成正比例的关系。

8.3.2 考虑贡献大小的利益分配法

从集体利益出发，依据各成员对平台信息共享的贡献大小在平台中的重要程度，进行利益分配。在求解 Shapley 值时，有三条分配原则，即在 n 人合作博弈[I,V]中，参与者 i 从 n 人大联盟博弈得的收益 $\varphi_1(V)$ 应满足一些基本的性质。其中三条分配原则如下[29]：

1. 对称性原则

每个参与者获得的分配与他在集合 $I=\{1,2,3,\cdots,n\}$ 中的排列位置无关。

2. 有效性原则

(1)如果参与人 i 对他所参加的任一合作都无贡献，则给他的分配应为 0；

(2)完全分配：

$$\sum_{i\in I}\varphi_i(V)=V(I) \tag{8-8}$$

3. 可加性原则

对 I 上任意两个特征函数 u 与 v，

$$\phi(u+v)=\phi(u)+\phi(v) \tag{8-9}$$

把上述三个原则进行公式化，则可以计算出一种信息共享的分配方案向量为：$\phi(v)=\{\phi_1(v),\phi_2(v),\phi_3(v)\}$，并且这个向量满足：

(1)如果 π 和 i 任意换位置，π 和 $i\in N$，

$$\phi_{\pi(i)}(\pi v)=\phi_i(v) \tag{8-10}$$

(2)

$$\sum_{i=1}^{n}\phi(v)=\sum_{i=1,i=m}^{n}\phi_i(v),(i=1,2,3);\phi_m(v)=0 \tag{8-11}$$

(3)对任给的两个博弈 u 和 v，有 $\phi(u+v)=\phi_i(u)+\phi_i(v)$。则 Shapely 值 $\phi(v)$是唯一的且：

$$\phi_i(v)=\sum_{i\in T\subset N}\frac{(t-1)!(n-t)!}{n!}[v(T)-v(T-\{i\})] \tag{8-12}$$

式中，$t=|T|$，即 t 为载体 T 中元素的个数；$\frac{(t-1)!\ (n-t)!}{n!}$是加权因子；使

$$W(|t|)=\frac{(t-1)!(n-t)!}{n!} \tag{8-13}$$

假设三个成员按照随机次序形成信息共享的合作联盟，假设每种次序发生的概率都是 1/3!。某一个成员在与其前面$|t|-1$ 个成员形成联盟 S。成员 i 对联盟的贡献为$[v(T)-v(T-\{i\})]$。子联盟 $T-\{i\}$与子联盟 $3-T$的局中人相继排列的次序共有$(t-1)(3-t)!$ 种，因此，各种次序出现的概率应为$\frac{(t-1)(3-t)!}{3!}$。因此按照这种说法，成员 i 所做的贡献期望值就是 Shapley 值。Shapley 值主要是考虑了各成员对航空物流服务供应链

整体所做的贡献的大小。贡献越大分得越多,反之,则少。唯一的 Shapley 值 $\phi(v)$ 即用式(8-14)表示:

$$\phi_i(v) = \sum_{i \in T \subset V} \frac{(t-1)!(3-t)!}{3!}[v(T) - v(T - \{i\})] \tag{8-14}$$

$$W(|t|) = \frac{(t-1)!(3-t)!}{3!} \tag{8-15}$$

8.3.3 Nash 模型

谈判的唯一理性解 $U=\{u_i, v_i\}$,应满足 $\{u_i, v_i\} \in P$(在可行集内),$u_i \geqslant u_0$,$v_i \geqslant v_0$,且使 $(u_i - u_0)(v_i - v_0)$ 的值最大。也就是 Nash 谈判模型。其中,P 代表的是谈判中的可行集;(u_1, v_1) 代表谈判双方的效用,c 代表谈判双方的冲突点。

假如第 i 个成员的效用函数为 u_i,谈判的起点为 $d=(d_1, d_2, d_3)$,d 是谈判破解的冲突点,也是成员愿意接受利益分配的下界。设合理的利益分配向量为 $X=(x_1, x_2, x_3)$,则 X 是下列规划问题的最优解。

目标函数:

$$\max Z = \prod_{i=1}^{3}[(u_i(x_i) - u_i(d_i))] \tag{8-16}$$

约束条件:

$$\sum_{i=1}^{3} x_i = v(N) \tag{8-17}$$

$$x_i \geqslant d_i \tag{8-18}$$

$$\sum_{i \in S} X_i \geqslant v(S) \tag{8-19}$$

以各成员不共享信息时的利益为谈判点,即以 $v_0(1)$,$v_0(2)$,$v_0(3)$ 为谈判点,根据 Nash 的谈判模型可以建立求解利益分配的模型即为式(8-16)至式(8-19)。

利用 Nash 谈判模型求利益分配的解的步骤如下:

(1)求三个成员预期的利益分配;

(2)按照式(8-16)至式(8-19)列出相应的目标函数和约束条件;

(3)用 Excel 即可求出三个成员各自的利益分配。

8.3.4 基于 TOPSIS 思想的综合利益协商法

按照上述利益分配的方法,不同的方法得到的结果也会有所不同,本书讨论的是一种在TOPSIS思想下也即考虑权重的综合利益协商法，把以上三种分配方法得出的结果综合考虑得到一种相对更为合理的利益分配的方法[30]。

第一步：建立TOPSIS法的数学模型。

(1)有3个评价对象，3个评价指标，形成原始矩阵 $X=(x_i)_{3\times 3}$

$$X=\begin{bmatrix} x_{11} & x_{12} & x_{13} \\ x_{21} & x_{22} & x_{23} \\ x_{31} & x_{32} & x_{33} \end{bmatrix} \tag{8-20}$$

(2)得出指标的理想解 x^+ 与负理想解 x^-。

$$x^+=(x_1^+,x_2^+,x_3^+) \tag{8-21}$$

$$x^-=(x_1^-,x_2^-,x_3^-) \tag{8-22}$$

其中：

$$x_j^+=\max(x_{1j},x_{2j},x_{3j}),j=1,2,3$$

$$x_j^-=\min(x_{1j},x_{2j},x_{3j}),j=1,2,3$$

(3)算出各指标分别与理想解和负理想解的距离也就是通常所说的欧氏距离。

$$D_i^+=\| x_i-x^+ \|=(\sum_{i=1}^{3}(x_{ij}-x_j^+)^2)^{\frac{1}{2}} \tag{8-23}$$

$$D_i^-=\| x_i-x^- \|=(\sum_{i=1}^{3}(x_{ij}-x_j^-)^2)^{\frac{1}{2}} \tag{8-24}$$

(4)算出各个考核的指标和理想解接近的程度：

$$C_i=\frac{D_i^-}{D_i^-+D_i^+} \tag{8-25}$$

若 $x_i=x^+$，$C_i=0$。$C_i\to 1$ 时，指标 x_i 越来越接近 x^+，因此，C_i 越大说明越来越接近理想的水平。

第二步：综合利益协商法。

假设信息共享的利益分配的方法有3种，以平台中的3个成员为例，第 j 种利益分配的方法得到的利益分配结果为 $E_j=(E_{j1},E_{j2},E_{j3})$。其中第 i 个企业的用第 j 种方法的分配结果为 E_{ji}。

假设理想的分配结果表示为 $E^+=(E_1^+,E_2^+,E_3^+)$，其中 $E_i^+=\max\{E_{ji}\}$ $j=1,2,3$。

假设负理想的分配结果表示为 $E^-=(E_1^-,E_2^-,E_3^-)$，其中 $E_i^-=\min\{E_{ji}\}j=1,2,3$。

第 j 种利益分配方法和理想的分配结果间的欧氏距离为：

$$D_j^+=\| E_j-E^+ \|=\left(\sum_{i=1}^{3}(E_{ji}-E_i^+)^2\right)^{\frac{1}{2}} \tag{8-26}$$

第 j 种利益分配方法和负理想的分配结果间的欧氏距离为：

$$D_j^- = \| E_j - E^- \| = \left(\sum_{i=1}^{3} (E_{ji} - E_i^-)^2 \right)^{\frac{1}{2}} \tag{8-27}$$

成员总体满意度与第 j 种利益分配的方法与理想的分配结果的欧氏距离成反比；相反与负理想的协商结果的欧氏距离成正比。所以，按照 TOPSIS 思想，由式(8-25)可知第 j 种利益分配的方法的相对满意度为式(8-28)。

$$S_j = \frac{D_j^-}{D_j^- + D_j^+} \tag{8-28}$$

按照相对满意度 S_j，能算出第 j 种利益分配方法的相对权重：

$$\lambda_j = \frac{S_j}{\sum_{i=1}^{3} S_j} \tag{8-29}$$

因此，设综合利益协商的结果为：

$$E' = \sum_{j=1}^{3} (\lambda_j \times E_{ji}) = (E'_1, E'_2, E'_3) \tag{8-30}$$

其中：
$$E'_i = \sum_{j=1}^{3} (\lambda_j \times E_{ji})$$

8.4 算例分析

8.4.1 基本数据

设物流公共信息平台下信息共享其中的三个成员分别为：航空货代企业(A)、机场货站企业(B)、航空公司(C)；通过统计和审查及参考相关企业的财务报告，设 3 家企业的投资额(如信息网络建设、人员培训、业务流程重组等的投资额)分别为 2000 万元、3500 万元和 2500 万元。假如这三个成员不加入平台不共享信息时，那么各自每年的获利分别为：1200 万元，3000 万元和 2000 万元；假设 A 与 B 共享信息，预计每年获利为 7500 万元，A 与 C 共享信息预计每年获利为 5500 万元，B 与 C 共享信息预计每年获利为 6000 万元；A、B、C 三者彼此都共享信息时预计每年获利为 14400 万元。也就是说，假设三者都加入平台共享信息年总获利预计为 14400 万元，其基本数据具体如表 8-4 所示。

表 8-4　基本数据　　　　单位:万元

	A	B	C	$A\cup B$	$A\cup C$	$B\cup C$	$A\cup B\cup C$
投资额	2000	3500	2500	5500	4500	6000	8000
获利值	1200	3000	2000	7500	5500	6000	14400

8.4.2　考虑投入大小的分配法

投资额大小的向量如下,根据式(8-7):

$$\phi_A(v)=\frac{I_i}{\sum_{i=1}^{3}I_i}v(N)=\frac{2000}{2000+3500+2500}\times 14400=3600(\text{万元})$$

$$\phi_B(v)=\frac{I_i}{\sum_{i=1}^{3}I_i}v(N)=\frac{3500}{2000+3500+2500}\times 14400=6300(\text{万元})$$

$$\phi_C(v)=\frac{I_i}{\sum_{i=1}^{3}I_i}v(N)=\frac{2500}{2000+3500+2500}\times 14400=4500(\text{万元})$$

即按投入大小分配时,A、B、C 分得的利益分别为:3600 万元、6300 万元、4500 万元。

8.4.3 考虑贡献大小的分配法

将 A、B、C 三者的投资额记为 I={2000,3500,2500},三者不共享信息的获利记作

$v(A)=1200$,$v(B)=3000$,$v(C)=2000$。由 A 参与的集合表示为:

$T_1=\{A\cup B,A\cup C,A\cup B\cup C\}$,由 B、C 参与的集合同理。并且可知:

$v(A\cup B)=7500$,$v(A\cup C)=5500$,$v(B\cup C)=6000$,$v(A\cup B\cup C)=14400$ 三者的收益情况如表 8-5 所示。

表 8-5 三家企业的收益情况 单位:万元

A	$v(A)=1200$	$V(A\cup B)=7500$	$V(A\cup C)=5500$	$V(A\cup B\cup C)=144000$
B	$v(B)=3000$	$V(B\cup A)=7500$	$V(B\cup C)=6000$	$V(A\cup B\cup C)=144000$
C	$v(C)=2000$	$V(C\cup A)=5500$	$V(C\cup B)=6000$	$V(A\cup B\cup C)=144000$

A、B、C 在平台下共享信息的利益依据 Shapely 值法求 $\phi_A(v)$,$\phi_B(v)$,$\phi_C(v)$ 的值,可以得出 A、B、C 的利益分配情况如表 8-6、表 8-7 及表 8-8 所示。

表 8-6 货代企业 A 的利益计算表 单位:万元

利益值 共享企业 分配模型	A	$A\cup B$	$A\cup C$	$A\cup B\cup C$
$V(T)$	1200	7500	5500	14400
$V(T-A)$	0	3000	2000	6000
$V(T)-V(T-A)$	1200	4500	3500	8400
$\|t\|$	1	2	2	3
$W(\|t\|)$	1/3	1/6	1/6	1/3
$W(\|t\|)[V(T)-V(T-A)]$	400	750	3500/6	2800
$\phi_A(v)$	4533.33			

同理 B、C 所分配的利益计算数据如下:

表 8-7 货站企业 B 利益计算表 单位:万元

利益值 共享企业 分配模型	B	$A\cup B$	$B\cup C$	$A\cup B\cup C$
$V(T)$	3000	7500	6000	14400
$V(T-B)$	0	1200	2000	5500
$V(T)-V(T-B)$	3000	6300	4000	8900
$\|t\|$	1	2	2	3
$W(\|t\|)$	1/3	1/6	1/6	1/3
$W(\|t\|)[V(T)-V(T-A)]$	1000	1050	4000/6	8900/3
$\phi_A(v)$	5683.33			

表 8-8 航空公司 C 的利益计算表 单位:万元

利益值 共享企业 / 分配模型	C	$C\cup B$	$A\cup C$	$A\cup B\cup C$
$V(T)$	2000	6000	5500	14400
$V(T-C)$	0	3000	1200	7500
$V(T)-V(T-C)$	2000	3000	4300	6900
$\|t\|$	1	2	2	3
$W(\|t\|)$	1/3	1/6	1/6	1/3
$W(\|t\|)[V(T)-V(T-A)]$	2000/3	500	4300/6	2300
$\phi_C(v)$	4183.33			

由以上可知,每两个成员的利益之和都大于两个成员不共享信息时的获利,因此当三者均加入平台共享信息时所获利比单独任何一个成员或者说任何两者获利都大,也即各成员加入平台共享信息的积极性会越来越高,航空物流服务供应链整体效益也比较好。

8.4.4 Nash 模型

已知 $N=\{1,2,3\}$,当三个成员不加入平台共享信息时,作为 Nash 谈判的冲突点,即为下界。

$$d=(d_1,d_2,d_3)=(v_0(1),v_0(2),v_0(3))=(1200,3000,2000)$$

$$\max Z=(v_1-1200)(v_2-3000)(v_3-2000)$$

按照式(8-16)至式(8-19)有下面的非线性规划:

$$\begin{cases}\max Z=(v_1-1200)(v_2-3000)(v_3-2000)\\ 1200\leqslant v_1\leqslant 14400\\ 3000\leqslant v_2\leqslant 14400\\ 2000\leqslant v_3\leqslant 14400\\ v_1+v_2+v_3=14400\\ v_1+v_2\geqslant 7500\\ v_1+v_3\geqslant 5500\\ v_2+v_3\geqslant 6000\end{cases}$$

然后用 Excel 软件可得到 A、B、C 三个成员所分配的利益为:

$$V=(3933.33,5733.33,4733.33)$$

8.4.5 综合利益协商法

上面用了三种利益分配方法，选择了三个成员，利用上述三在种方法加上不共享信息时的分配方法，得到分配结果如表 8-9 所示。

表 8-9 不同分配方法的结果表 单位：万元

分配模型 \ 利益值 \ 成员	A	B	C
不共享信息	1200	3000	2000
按投资大小的向量	3600	6300	4500
Shapley 值法	4533.33	5683.33	4183.33
Nash 模型	3933.33	5733.33	4733.33

三种利益分配的结果分别表示为：

$$A_1=(A_{11},A_{12},A_{13})=(3600,6300,4500)$$

$$A_2=(A_{21},A_{22},A_{23})=(4533.33,5683.33,4183.33)$$

$$A_3=(A_{31},A_{32},A_{33})=(3933.33,5733.33,4733.33)$$

理想的分配结果为：

$$A^{+}=(A^{+1},A^{+2},A^{+3})=(4533.33,6300,4733.33)$$

其中：

$$A^{+1}=\max\{A_{j1}\}=\max(3600,4533.33,3933.33)=4533.33(\text{万元})$$

$$A^{+2}=\max\{A_{j2}\}=\max(6300,5683.33,5733.33)=6300(\text{万元})$$

$$A^{+3}=\max\{A_{j3}\}=\max(4500,4183.33,4733.33)=4733.33(\text{万元})$$

$(j=1,2,3)$

负理想的分配结果为：

$$A^{-}=(A^{-1},A^{-2},A^{-3})=(3600,5683.33,4183.33)$$

其中：

$$A^{-1}=\min\{A_{j1}\}=\min(3600,4533.33,3933.33)=3600(\text{万元})$$

$$A^{-2}=\min\{A_{j2}\}=\min(6300,5683.33,5733.33)=5683.33(\text{万元})$$

$$A^{-3}=\min\{A_{j3}\}=\min(4500,4183.33,4733.33)=4183.33(\text{万元})$$

$(j=1,2,3)$

三种利益分配法与理想的分配结果之间的欧氏距离，代入式(8-26)分别为：

$$D_j^+ = \| E_j - E^+ \| = \left(\sum_{i=1}^{n}(E_{ji} - E_i^+)^2\right)^{\frac{1}{2}}$$

$$\begin{aligned}D_1^+ &= \| E_j - E^+ \| = \left(\sum_{i=1}^{n}(E_{1i} - E_i^+)^2\right)^{\frac{1}{2}} \\ &= ((A_{11} - A_1^+)^2 + (A_{12} - A_2^+)^2 + (A_{13} - A_3^+)^2)^{\frac{1}{2}} \\ &= ((3600 - 4533.33)^2 + (6300 - 6300)^2 + (4500 - 4733.33)^2)^{\frac{1}{2}} \\ &= 936.24\end{aligned}$$

同理：

$$\begin{aligned}D_2^+ &= \| E_j - E^+ \| = \left(\sum_{i=1}^{n}(E_{2i} - E_i^+)^2\right)^{\frac{1}{2}} \\ &= ((A_{21} - A_1^+)^2 + (A_{22} - A_2^+)^2 + (A_{23} - A_3^+)^2)^{\frac{1}{2}} \\ &= ((4533.33 - 4533.33)^2 + (5683.33 - 6300)^2 + (4183.33 - 4733.33)^2)^{\frac{1}{2}} \\ &= 826.31\end{aligned}$$

$$\begin{aligned}D_3^+ &= \| E_j - E^+ \| = \left(\sum_{i=1}^{n}(E_{3i} - E_i^+)^2\right)^{\frac{1}{2}} \\ &= ((A_{31} - A_1^+)^2 + (A_{32} - A_2^+)^2 + (A_{33} - A_3^+)^2)^{\frac{1}{2}} \\ &= ((3933.33 - 4533.33)^2 + (5733.33 - 6300)^2 + (4733.33 - 4733.33)^2)^{\frac{1}{2}} \\ &= 825.30\end{aligned}$$

三种利益分配方法与负理想的分配结果之间的欧氏距离代入式(8-27)分别为：

$$\begin{aligned}D_1^- &= \| E_j - E^- \| = \left(\sum_{i=1}^{n}(E_{1i} - E_i^-)^2\right)^{\frac{1}{2}} \\ &= ((A_{11} - A_1^-)^2 + (A_{12} - A_2^-)^2 + (A_{13} - A_3^-)^2)^{\frac{1}{2}} \\ &= ((3600 - 3600)^2 + (6300 - 5683.33)^2 + (4500 - 4183.33)^2)^{\frac{1}{2}} \\ &= 693.23\end{aligned}$$

$$\begin{aligned}D_2^- &= \| E_j - E^- \| = \left(\sum_{i=1}^{n}(E_{2i} - E_i^-)^2\right)^{\frac{1}{2}} \\ &= ((A_{21} - A_1^-)^2 + (A_{22} - A_2^-)^2 + (A_{23} - A_3^-)^2)^{\frac{1}{2}} \\ &= ((4533.33 - 3600)^2 + (5683.33 - 5683.33)^2 + (4183.33 - 4183.33)^2)^{\frac{1}{2}} \\ &= 933.33\end{aligned}$$

$$D_3^- = \| E_j - E^- \| = \left(\sum_{i=1}^{n} (E_{3i} - E_i^-)^2 \right)^{\frac{1}{2}}$$

$$= ((A_{31} - A_1^-)^2 + (A_{32} - A_2^-)^2 + (A_{33} - A_3^-)^2)^{\frac{1}{2}}$$

$$= ((3933.33 - 3600)^2 + (5733.33 - 5683.33)^2 + (4733.33 - 4183.33)^2)^{\frac{1}{2}}$$

$$= 645.07$$

根据式(8-28),可得到三种利益分配方法的相对满意度分别为:

$$s_1 = \frac{D_1^-}{D_1^- + D_1^+} = \frac{693.23}{693.23 + 936.24} = 0.43$$

$$s_2 = \frac{D_2^-}{D_2^- + D_2^+} = \frac{693.33}{933.33 + 826.31} = 0.53$$

$$s_3 = \frac{D_3^-}{D_3^- + D_3^+} = \frac{645.07}{645.07 + 825.30} = 0.49$$

根据相对满意度 S_j,可以计算出三种利益分配方法的相对权重。代入式(8-29)分别为:

其中:$\sum_{j=1}^{3} s_j = 1.45$

$$\lambda_1 = \frac{s_1}{\sum_{j=1}^{3} s_j} = \frac{0.43}{1.45} = 0.30$$

$$\lambda_1 = \frac{s_2}{\sum_{j=1}^{3} s_j} = \frac{0.43}{1.45} = 0.37$$

$$\lambda_3 = \frac{s_3}{\sum_{j=1}^{3} s_j} = \frac{0.49}{1.45} = 0.33$$

所以,三种利益分配法综合利益协商的结果为,根据式(8-30)得出:

$$E' = \sum_{j=1}^{3} (\lambda_j \times E_{ji}) = (E'_1, E'_2, E'_3)$$

即

$$A'_1 = \sum_{j=1}^{3}(\lambda_j \times A_{j1})$$
$$= \lambda_1 \times A_{11} + \lambda_2 \times A_{21} + \lambda_3 \times A_{31}$$
$$= 0.30 \times 3600 + 0.37 \times 4533.33 + 0.33 \times 3933.33$$
$$= 4055.33(\text{万元})$$

$$A'_2 = \sum_{j=1}^{3}(\lambda_j \times A_{j2})$$
$$= \lambda_1 \times A_{12} + \lambda_2 \times A_{22} + \lambda_3 \times A_{32}$$
$$= 0.30 \times 6300 + 0.37 \times 5683.33 + 0.33 \times 5733.33$$
$$= 5884.83(\text{万元})$$

$$A'_3 = \sum_{j=1}^{3}(\lambda_j \times A_{j3})$$
$$= \lambda_1 \times A_{13} + \lambda_2 \times A_{23} + \lambda_3 \times A_{33}$$
$$= 0.30 \times 4500 + 0.37 \times 4183.33 + 0.33 \times 4733.33$$
$$= 4459.83(\text{万元})$$

利用综合利益协商法得到的分配结果：

$$A' = (A'_1, A'_2, A'_3) = (4055.33, 5884.83, 4459.83)$$

即 A 企业、B 企业、C 企业分别获得的利益为 4055.33 万元，5884.83 万元，4459.83 万元。

不同状态的结果比较如表 8-10 所示。

表 8-10　不同状态的结果比较表　　单位：万元

分配方法＼成员	A	B	C
不共享信息	1200	3000	2000
按投入大小的分配方法	3600	6300	4500
Shapley 值法	4533.33	5683.33	4183.33
Nash 模型	3933.33	5733.33	4733.33
基于 TOPSIS 思想的综合利益协商法	4055.33	5884.83	4459.83

从表 8-10 可以得知：按投资量大小、Shapley 值法、Nash 模型分别从不同的角度解决了利益分配的问题，但以上三种方法各有优劣。

8.4.6 结果分析

通过以上三种方法的实证分析，具体可以得出以下结论：

(1)总体来说，当三者选择共享信息时，无论哪一种分配方法得到的利益总比不共享信息或任意两家合作，得到的收益要多。例如按 Shapley 法时分得利益 A 与 B 分别为 4533.33 万元和 4183.33 万元，不合作时分别获得 1200 万元和 3000 万元，三者单干与合作时用 Shapley 值法利益值具体如图 8-2 所示。

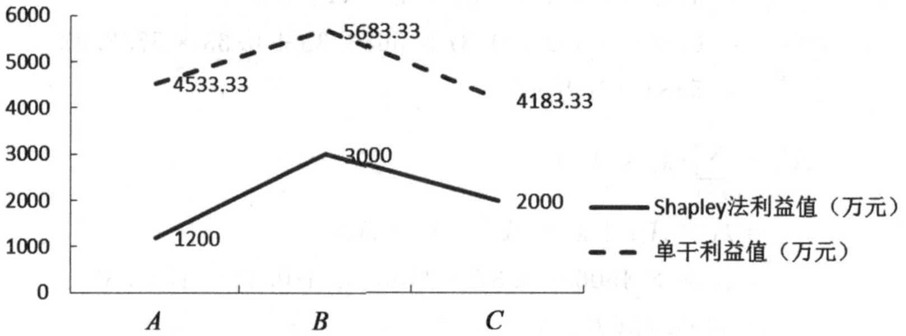

图 8-2　三者单干与合作时用 Shapley 值法利益值

(2)如果只是按投入大小考虑利益分配问题，利益分配不均较明显，成员之间利益分配差距加大。投入既包括有形的投入又包括无形的投入，对于无形的投入有时评估受主观因素的影响误差较大；而且，三者共享信息后出现偷懒的可能性很大，即容易产生投机行为。如图 8-3 所示，按投入大小分配时三者之间的利益分配差额较投资额差距更大，成员容易感到利益分配不均。

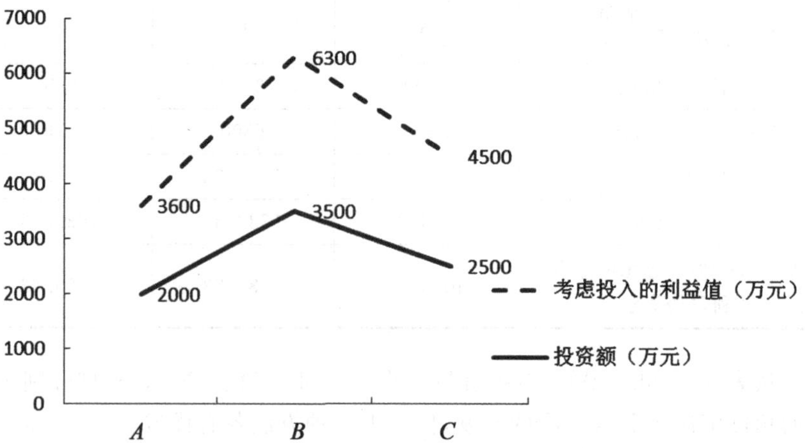

图 8-3　投资额与考虑投入大小的利益值

(3)按贡献大小分配,即 Shapley 提出的"公平合理"的分配方法,克服了利益平均分配的问题,显示了成员在航空物流服务供应链中的重要程度,更有利于激发成员的积极性;但是 Shapley 值法也有一定不足。首先,假设了三个成员是按照随机的顺序形成的信息共享的合作联盟,也就是说三者之间地位相同,但现实生活中三者地位一般不会是完全相同的;其次,没有考虑到风险因素的存在,而且不同成员属性不同面临的风险也不同;最后,成员所做的贡献有的是不易评估的。

(4)Nash 谈判模型假设的利益为下界 d 的值不合理。这种方法是把各企业在加入平台之前不共享信息时所得利益为下界 d 的值。事实上,各成员对合作利益分配预期通常大于不加入平台时的利益,这一模型的解是一种可行解,并不能让所有成员都十分满意。如图 8-4 所示不共享信息前 A 企业获利 1200 万元,但共享后用 Nash 谈判模型分配法,获利扩大到了三倍以上达到 3933.33 万元,而 B 企业还未达到 2 倍。

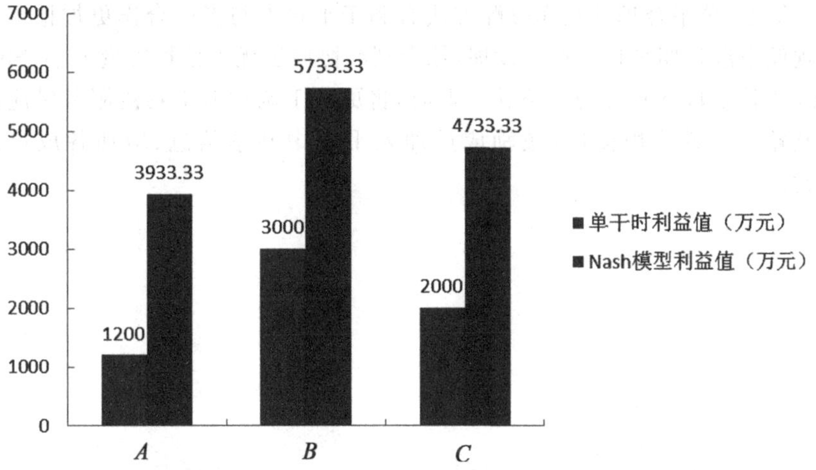

图 8-4 三者单干与采取 Nash 模型法时的利益值

(5)综合利益协商法是一种对以上三种分配方法的折中,利益分配结果更为合理公正。基于 TOPSIS 的思想,按照相对满意度最优依据一定权重的利益分配方案,协商航空物流服务供应链各利益相关者的利益分配问题,更好地发挥平台在航空物流服务供应链信息共享中的核心作用。同时体现了协调集体利益与个体利益的利益分配原则以及客观、公正、合理的原则。从图 8-5 可以看出利用这种方法也就是 TOPSIS 法分配利益时,三者之间的分配结果更合理。

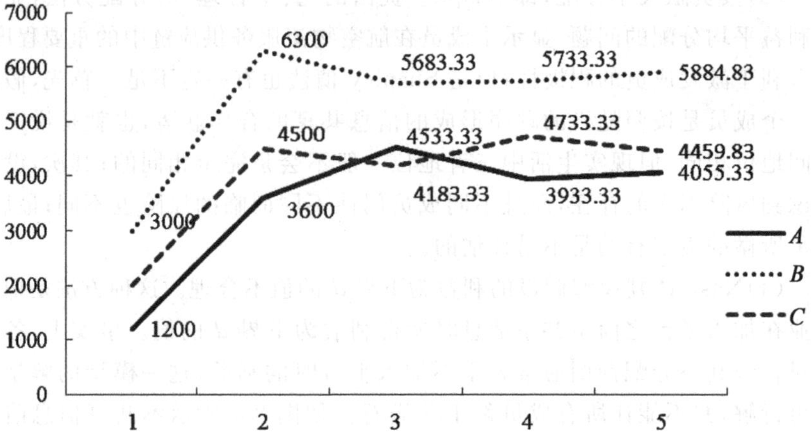

图 8-5　三者不同状态的利益值

综上，公平合理的利润分配方法有利于平台参与者的合作更加稳定和实现航空港长期平稳可持续发展，综合利润协商法优于按投资量大小、Shapley 值法、Nash 模型分配方法。此时，将更利于调动航空物流服务供应链各利益相关者的积极性，激励成员加入平台中共享信息、增加各成员的效益。

第9章　基于多式联运的航空物流服务供应链优化

航空物流服务供应链涉及多种运输方式，多种运输方式的相互协调及有效衔接直接影响航空物流服务供应链的整体效率。根据以上航空物流服务供应链多式联运发展问题中的因素分析，目前优化航空物流服务供应链多式联运发展的对策主要分为两大方面。一方面是对可控因素，即运输时间、运输费用问题的解决，解决思路是通过现有的技术、方法对航空物流服务供应链多式联运路径进行优化，本书以郑州航空港为例，采用动态规划算法，并且通过“卡车航班”的概念，对运输路径及地面衔接问题进行优化；另一方面，对相对不可控因素而言，通过政府、企业层面，对航空港物流设备标准、管理体制、信息平台、法律法规等方面的加强与完善。另外，随着国家对节能减排的要求，通过基于低碳运输的多式联运优化，在达到国家要求的碳排量标准的前提下，提高航空物流服务供应链的效率。

9.1　基于动态规划法的多式联运优化

动态规划算法主要解决多阶段决策问题，寻出最优方案的一种算法，这种方法把复杂的多阶段决策问题变换成一系列相互联系且较容易解决的单阶段问题，一般由初始状态开始，通过对中间阶段决策的选择，达到结束状态，这些决策形成了一个决策序列，同时确定了完成整个过程的一条活动路线（通常是求最优的活动路线），本书以郑州航空港为例，分析航空港多式联运存在的问题，并运用动态规划法对其运输结构进行优化。

9.1.1　多式联运存在问题分析

1. 货流种类及流向

(1)货流种类。

郑州功能性口岸“大集合”。目前，河南省市在中西部省份中获批功能性口岸数量最多的省份，郑州口岸建设使用情况及目前成果具体如表 9-1 所示。

表 9-1　郑州功能性口岸成果

口岸名称	获批审核时间	2015 年成果
食用水生动物进口指定口岸	2015 年 9 月考核合格	从孟加拉国进口黄鳝 78 批次，总重 2274.28 吨
冰鲜水产品进口指定口岸	2014 年 12 月正式列入指定口岸名单	经此口岸进口冰鲜水产品 43 批次，总重 263.84 吨
进口水果指定口岸	2008 年考核合格	全年共进境水果 388 批次、总重 2443.11 吨
汽车整车进口口岸	2014 年 7 月获准设立	该口岸进口汽车 247 辆，货值 1900 余万欧元
进口肉类指定口岸	2013 年 12 月获批	累计进口 12 批、165 吨肉类产品，居全国领先水平
进口澳大利亚活牛指定口岸	2015 年 11 月通过验收	2016 年 4 月 26 日，184 头澳大利亚安格斯肉牛跨洋渡海空运到了中国河南（2015 年末才投入使用）
邮政转运口岸	2015 年 5 月与中国邮政集团签订战略合作协议	继北、上、广、深之后的全国第五国际邮件转运口岸
进境粮食指定口岸	2014 年 12 月获批	累计完成 6 批次粮食进口测试业务
进口植物苗木花卉口岸	正在申建中	
进口药品指定口岸		

（2）货流流向。

航空港货运航线已基本形成国际航空货运枢纽的航线网络，主要覆盖美洲、欧洲、东南亚，已通达全球主要货运集散中心，货流主要流向具体如表 9-2 所示。

表 9-2　航空港货流主要流向

主要方向	经过节点
美洲方向	以安克雷奇、芝加哥、洛杉矶等枢纽机场为主要通航点，辐射美洲各主要机场
欧洲方向	以莫斯科、阿姆斯特丹、法兰克福等枢纽机场为主要通航点，辐射欧洲各主要机场

（续表）

主要方向	经过节点
亚洲方向	以香港、迪拜、东京等枢纽机场为主要通航点，辐射亚洲各主要机场
澳洲方向	以悉尼、墨尔本机场为主要通航点，辐射澳洲大陆
非洲方向	以迪拜机场为中转点，连接非洲主要机场
国内航线	提高与国内枢纽机场和支线机场的通达性，发展联程联运，实现高效集疏

2. 多式联运存在的问题

航空港多式联运发展过程中存在诸多问题，具体如表 9-3 所示。

表 9-3　航空港多式联运发展过程中存在的问题

	现状	存在问题
运输效率	2015 年底，航空港已建成郑州至新郑机场城际铁路，实现客流零换乘，且在航空港规划中，郑州地铁 2 号线也直通航空港，但是对于货运的专项基础设施还未筹建	但是这些建设目前只适用于客运。货运运输费用高，尤其是不同运输方式之间没有很好的地面衔接运输工具或者运输方式，导致多式联运发展过程中的中转时间和中转费用增加，运输效率降低
技术设备	航空运输由于其特殊性，多采用集装设备运输，这些集装设备无论是外形构造还是技术性能指标都具有自身的特点	陆路、水路运输采用的集装箱与航空专用集装箱标准不一致，阻碍了标准化装载单元的推广
信息系统	目前航空、公路、铁路都有各自的信息系统，但都没有开放接口，开放的信息也不够	信息系统之间缺乏接口标准，导致货物追踪不及时、可靠性较低
管理体制	航空港有专门的管委会，但航空、铁路和公路分属民航办、铁路局、交通运输厅管理	缺乏统一的管理协调部门，存在部门分割、政出多门等问题，不利于实现协调、高效、一体化的联合运输
其他	目前各大高校提供的物流人才不能满足市场需求；目前我国多式联运可依据的法律只有《海商法》	缺乏人才；立法不完善

3. 影响多式联运发展的不可控因素

航空港多式联运发展依靠航空港便利的区位优势，交通网络，现已取得很大的成果，航空港货运量的增长量在全国名列前茅，但发展初期仍然遇到了许多问题，而只有找到了产生问题的原因，影响其发展的因素，才能对症下药，解决目前航空港发展多式联运遇到的问题。

(1)技术设备不标准。

常用运输方式的物流设备具体如表 9-4 所示。

表 9-4 几种常用运输方式的物流设备

运输方式	物流设备
公路	自卸式货车、散粮车、厢式车、敞车、平板车、罐式货车、冷藏车、栏板式货车、集装箱牵引车和挂车、载货汽车
铁路	棚车、敞车、平车、罐车、保温车
水路	干散货船、杂货船、冷藏船、木材船、原油船、成品油船、集装箱船、滚装船、液化气运输船、载驳船
航空	航空港 、航空器 、集装设备

通过表 9-4 可以看出航空运输由于其特殊性，在运载货物时物流设备的选择就比较有局限性，且航空运输多采用集装设备运输，这些集装设备无论是外形构造还是技术性能指标都具有自身的特点，空运集装箱有主甲板集装箱和底甲板集装箱两种，而在海运中常见的 40 英尺和 20 英尺的标准箱只能装载在宽体飞机的主甲板上，这些航空运输的特殊性要求在多式联运中就会与其他运输方式的技术设备产生矛盾，而目前，面对各种运输方式技术标准不统一的现状，还没有很好的方法、策略去解决，因此这个因素严重影响了多式联运的运输效率。

(2)信息交互共享性差。

目前航空港信息平台的建设仍处于探索阶段，公共的物流信息缺失，尤其是中小企业的物流信息几乎没有。航空港某些技术各自抵触，功能重复浪费，信息孤岛广泛存在，管理无法形成合力，机场提高工作效率的目的往往最后适得其反，航空公司在面对这些市场信息时也会无所适从、无法了解全面准确的服务信息，增加营运风险。具体来说，航空物流可以分为两部分，第一部分是陆上处理过程，涉及的企业主要有航空货代企业，运输企业和机场货站；第二部分是空运过程，涉及的企业主要是航空公司，而这两部分所涉及的企业目前还是各自为营，信息共享度差，各个企业之间的信息没有良好的对接，导致信息采集效率低，最终影响物流运作的整体效率。

(3)体制架构缺乏创新，管理部门互不对接。

航空港目前的行政管理体制仍然沿袭类似于一个城市新区的行政架构，管理体制不顺畅、不对接问题仍然存在，整体建设执行力偏低，没有采取空港经济先行区发展模式。问题的产生主要缘于"两级三层"的管理体制不适应，需要极具创新开拓精神、高效率大力度的航空港建设工作要求。目前航空、铁路、公路仍然各自为营，多头管理，没有一个统一的管理部门，导致多式联运在运作过程中面临很多困难，在手续办理过程中，承运人往往需要在不同运输方式的管理部门来回穿梭，才能保证货物的正常流通。

(4)缺乏多式联运方面的人才。

航空港建设尤其需要具有国际化的战略视野及开放型思维的人才，但目前物流人才供给严重不足。据河南招生考试信息网统计，2013 年河南独立招生的各批次、各科类的院校共 290 所。其中公布具有和物流相关专业招生计划的院校共 74 所，占比为 25.5%，放在高职高专批招生的有 58 所，本科批招生的有 19 所院校，而在本科一批招生的仅有郑州大学一所。在 2014 年河南省硕士研究生招考中也仅有郑州大学、河南工业大学、河南农业大学等八所省内院校有物流相关专业的招生计划，而物流专业的博士点尚未设立。河南省对物流人才的需求量却在持续增加，尤其是高端物流人才。

4. 影响多式联运发展的可控因素

(1)航空港多式联运运输成本高。

1)根据调查，物流整个过程中，运输成本所占比重最大，航空港的多式联运也不例外，这些物流成本的组成具体如图 9-1 所示。

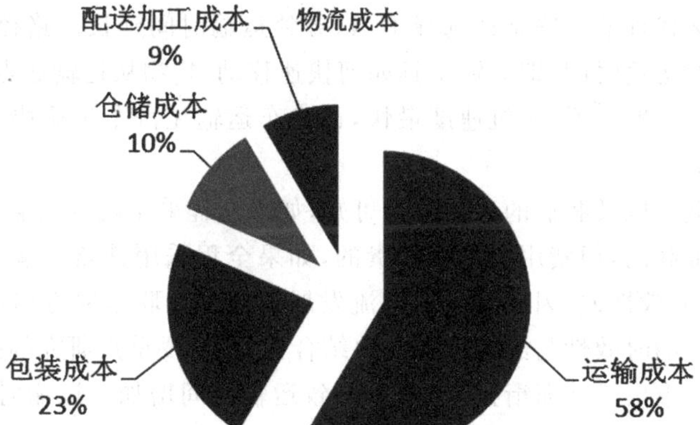

图 9-1　物流成本各环节比重

数据来源：问卷调查

由图 9-1 我们可以看出运输成本在整个物流成本中占到 58%的比重，是影响整个物流活动非常重要的因素，而且在航空港多式联运中，由于基础设施等建设不到位，导致不同运输方式衔接过程中又增加了不少费用，因此，在目前我们还不能立即去改变固有环境的基础上，我们只能利用我们现有的知识、技术去优化航空港多式联运的运输路径,使运输成本可以尽可能地减少。

2)从整个货运成本的分摊来看,在空运两端的航空货站的地面处理费占了12%左右,包括装卸费、搬运费、理货费等;航空公司承运费占到58.3%;两端的地面配送费占了30%。在空运成本越来越高的情况下,只有不断降低地面作业成本,才可能实现总成本减少的目标,航空物流运价分配比具体如表9-5所示。

表9-5　航空物流各环节运价分配比

	出发地货代	出发地机场货运	航空承运人	目的地机场货运	目的地货代
航空物流运价分配比(%)	10.7	5.8	58.3	5.8	19.4

(2)时效性差。

航空港多式联运时效性指整个系统的运作效率,可以通过对集货时间、地面配送时间、通关时间、机场处理和空中飞行时间来确定货物从货主交货到收货的总体时间,它是衡量航空物流系统运作效率的基本指标,也是突出航空物流服务的关键指标。对其优化可以通过对货运代理的运输路径、机场货物处理系统的效率和航空公司航班的准点率等方面入手。

1)货运代理的运输路径选择不当,导致运输时间延长。路径的选择主要影响货物运输时间,即运输工具如何快速移动、货物从运输起点到运输终点的时间。一般来说,飞机速度最快,而火车运输比汽车运输快,尤其是高铁出现以后。

根据调查以及我们的生活常识可知,如果全程采用航空运输,那么时效性无疑是最高的,但费用也是最昂贵的,如果全程采用铁路运输,价格虽然便宜,但是时效性差;因此航空港物流发展走向多式联运的方向,如何将不同运输方式的时效性与经济性有效地结合,是我们要重点研究的问题。

2)航空港由于地面衔接能力差,导致运输时间增加。运输时间虽然主要指运输工具如何快速移动、货物从运输起点到运输终点的时间,但是在最后交货之前,货物在机场货站,铁路货场上可能需要等待一段时间才能最后转运到收货人手中;而这等待的时间恰恰是提高物流效率的关键所在。

航空港目前虽然规划了与公路、铁路、地铁等衔接的设施,但是缺乏集成公路、公路、铁路、地铁的现代化综合客运枢纽和物流园区,基础设施衔接还未完全实现客运的"零换乘"和货运物流的"无缝衔接",然而基础设施的规划建设不是一天两天就可以落地使用的,那么,如何在现有基础设施的情况下，实现航空港多式联运货运物流的“无缝衔接”，减少中转时间，提高物流效率，就成了我们重点研究的问题。

由于汽车运输能直接完成“门到门”的运输，所以来往航空港的货物往往是不同的货代公司采取不同的卡车，到达中转货站或客户手中，具体流程如图 9-2 所示。

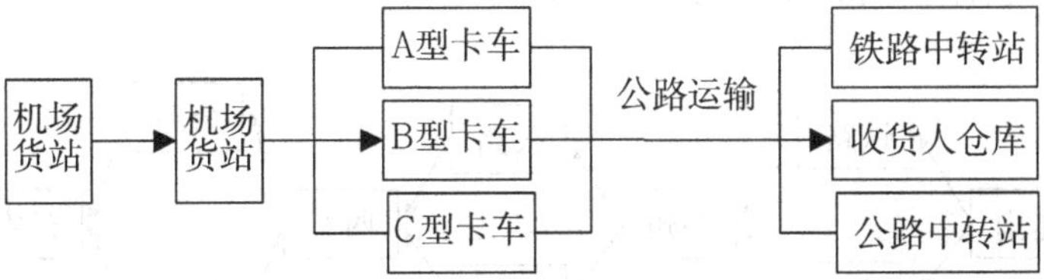

图 9-2 地面衔接流程

在现有的流程图中，不同的收货人在机场货站中转货物的时候，通常采用的运输方法是自己的物流设备或者是自己经常合作的货代企业所提供的服务，由此造成手续重复，设备标准不统一，装卸搬运时间长的问题就凸显出来。

9.1.2 基于动态规划法的多式联运优化

动态规划算法的基本思想是将一个复杂的多阶段的问题分成一个个子阶段，通过逆序算法对子阶段的问题进行求解，从而得出一条路径，但值得注意的是，先求解的子问题，往往都不是相互独立的，就拿多式联运路径来说，每两个节点之间对运输方式的选择必然影响到下一个节点的运输方式，因为它们要遵守统一的时间约束和费用约束，这也是本书采用动态规划算法求解的原因。

1. 求解过程

航空港目前已经成为我国多种货物的分拨集散地，现在我们假设航空港某航运公司承运了来自越南的一批水果，该批水果将采用多式联运的方式从越南运送到航空港进行分拨处理，再运送至我国其他城市。已知该批货物重 10 吨，运输到达郑州后，其中 1 吨分散到陕西延安，由于从郑州到延安暂时没有直达的铁运货线和航运货线，所以选择西安作为中转城市。

经过调查咨询，从越南到郑州货运通常有铁路、航空两种方式，从郑州到西安有铁路、公路两种运输方式，从西安到延安有铁路、公路、航空三种运输方式。由于各种运输方式采用不同的货运公司有不同的收费标准，运输费用在实际生活中有很大的不确定性，为了简化计算，在计算过程中只考虑运输基价：

$$运费=运行基价\times计价公里\times运输重量$$

根据查询相关资料得出，公路货运的运行基价约为 0.5 元/(吨·公里)；铁路货运的运行基价约为 0.3 元/(吨·公里)；从越南到航空港的航空货运的运行基价是 6 元/千克，西安到延安航空货运价格的运行基价是 12 元/千克，其路径网具体如图 9-3 所示。

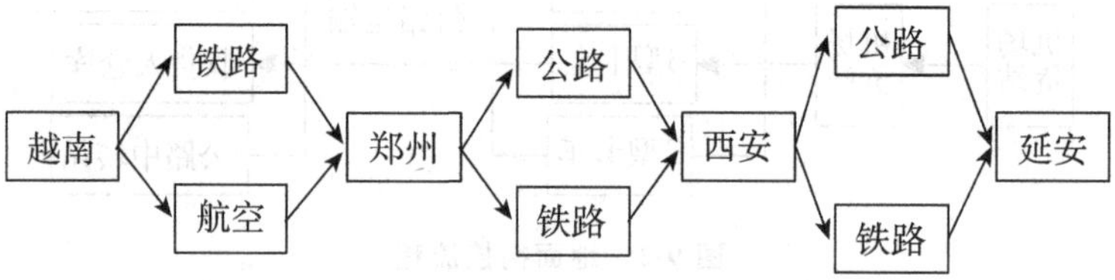

图 9-3　多式联运路径网情况

(1)基础数据。

将此批货物每经过的运输地越南、郑州、西安、延安称为运输节点 v_1、v_2、v_3、v_4，每两个城市节点间的运输距离、运输费用及采用不同运输方式所需的运输时间见表 9-6、表 9-7、表 9-8。

表 9-6　各个运输节点间不同运输方式的实际距离

运输方式	运输距离(公里)		
	$v_1\rightarrow v_2$	$v_2\rightarrow v_3$	$v_3\rightarrow v_4$
铁路	2100	510	310
公路	——	600	320
航空	2000	——	300

表 9-7　各运输节点间各种运输方式的运输费用

运输方式	运输费用(公里)		
	$v_1\rightarrow v_2$	$v_2\rightarrow v_3$	$v_3\rightarrow v_4$
铁路	6300	153	93
公路	——	300	160
航空	12000	——	12000

表 9-8 各运输节点间各种运输方式的运输时间

运输方式	运输时间(小时)		
	$v_1 \to v_2$	$v_2 \to v_3$	$v_3 \to v_4$
铁路	30	8	4
公路	——	12	5
航空	6	——	0.2

经过调查,每两个城市节点间的不同运输方式间的中转时间、中转费用见表 9-9 和表 9-10,如果在中转城市不发生运输方式的转换,则视中转时间和费用均为零。

表 9-9 各种运输方式间的中转时间

运输方式	中转时间(小时)		
	铁路运输	公路运输	航空运输
铁路运输	0	2	4
公路运输	2	0	2
航空运输	4	2	0

表 9-10 各种运输方式间的中转费用

运输方式	中转费用(元/吨)		
	铁路运输	公路运输	航空运输
铁路运输	0	200	400
公路运输	200	0	300
航空运输	400	300	0

(2)模型建立。

定义运输费用与中转费用为:

$$z_1 = \sum_{i \in n} \sum_{k \in m} q_{i,i+1} c_{i,i+1}^{k} x_{i.i+1}^{k} + \sum_{i \in n} \sum_{k \in m} \sum_{l \in m} q_{i,i+1} d_i^{kl} y_i^{kl}$$

令 t 为运输途中消耗的总时间:

$$\min t = \sum_{i \in n} \sum_{k \in m} t_{i,i+1}^{k} x_{i,i+1}^{k} + \sum_{i \in n} \sum_{k \in m} \sum_{l \in m} z_i^{kl} y_i^{kl}$$

参数说明:

$c_{i,i+1}^{k}$:两个城市节点 i 和 $i+1$ 之间,如果采用第 k 种运输方式的单位运输成本;

d_i^{kl}:在城市节点 i 处,如果货物要发生中转,且是从第 k 种运输方式转

换到第 l 种运输方式，所需的中转成本；

$t_{i,i+1}^{k}$：两个城市节点 i 和 $i+1$ 之间，若采用第 k 种运输方式，运输货物所需的时间；

z_i^{kl}：在城市节点 i 处，如果货物要发生中转，且是从第 k 种运输方式转换到第 l 种运输方式，所需的中转时间；

$q_{i,i+1}$：节点 $i,i+1$ 之间货物运输量；

$$x_{i,i+1}^{k}=\begin{cases}1 & 1\quad \text{节点 } i \text{ 到 } i+1 \text{ 采用 } k \text{ 种运输方式进行运输} \\ 0 & 0\quad \text{否则}\end{cases}$$

$$y_i^{kl}=\begin{cases}1 & 1\quad \text{节点 } i\text{，如果采用 } k \text{ 转 } l \text{ 运输方式进行运输}，k\neq 1 \\ 0 & 0\quad \text{否则}\end{cases}$$

考虑运输任务有时间要求，当运输时间 T 超出规定时间时，产生罚量，由于不同的运输任务对延迟送货产生的罚量不一样，设 a 为延迟于规定时间每个百分比时对费用函数 z_1 的罚量系数，则考虑时间约束后的费用函数为：

$$z=\left(1+a\times\max\left\{\frac{T-T_{\max}}{T_{\max}},0\right\}\right)\times z_1$$

此例中，由于运输的货物为进口新鲜水果，要求时效性极高，设 $T_{\max}$ 的值为 12 小时，当超出时间不超过 12 小时，罚量系数 a 为 1；超出时间大于 24 小时，罚量系数 a 为 2，超出 36 小时，罚量系数 a 就变为 3。

(3)求解步骤。

第一步：划分阶段。

如此案例可以把每两个相邻的城市之间划分为一个阶段，用 i 表示：越南到郑州为阶段 1，郑州到西安为阶段 2，西安到延安为阶段 3，即 i 分别等于 1、2、3。

第二步：指明状态。

在此案例中每两个相邻的运输节点之间的状态为其存在的运输方式，即有铁路、公路、航空三种状态，用 S_i 表示 i 阶段的状态变量，例如此案例中第 3 个阶段有三个状态，用集合表示为 $S_3=\{C_1,C_2,C_3\}$。

第三步：开始决策。

针对此案例，决策指从一个运输节点到下一个运输节点所可以选择的运输方式，用 $u_i(s_i)$，通过网络图可以看出第一阶段两个运输节点间的运输方式有三种，那么这个决策就有三种，可用 $D_i(s_i)$ 表示，称为允许决策集合，则有 $u_i(s_i)\in D_i(s_i)$。

第四步：策略。

策略是一个按顺序排列的决策组成的集合。如当 $i=1$ 时，表示越南到郑州阶段，共有三种运输方式，即三个决策，三个决策可以依序组成一个策略集合,用 $P_{i,n}(s_i)$ 表示,那么。针对 $k=1$ 阶段的策略可表示为 $p_{1,3}(S_1)=\{u_1(s_1),u_2(s_2),u_3(s_3)\}$,最优策略是指从此策略集合中找出达到最优效果的策略,即表示 A 到 B 的最佳运输方式。

第五步:状态转移方程。

状态转移方程是确定过程由一个状态到另一状态的演变过程。此例中,状态转移方程为:

$$S_{i+1}=u_i(s_i)$$

第六步:指标函数。

用来衡量所实现过程优劣的一种数量指标。此例中指标函数可以表示为:

$$v_{1,i}(s_0,p_{1,i})=\sum_{b=1}^{i}k^{njb-1,b}\times\left(1+a\times\max\left\{\frac{t^n(v_i^j)-T_{\max}}{T_{\max}},0\right\}\right)$$

表示初始状态为 s_0,采用策略为 $p_{1,i}$,时对应的一系列 n,j 取值,到达状态 s_i 的指标函数。

$k_{b-1,b}^{nj}$ 是指从运输节点 $i-1$ 采用运输方式 n 到达下一个运输节点 i 的运输费用以及在运输节点 i 从运输方式 n 转换成运输方式 j 的中转费用之和;

$t^n(v_i^j)$ 表示采用运输方式 n 到达网络节点 v_i 的总时间。

第七步:最优指标函数。

在此例中,最优指标函数是指多式联运最优路径下的时间费用函数,用 $f_i(v_i^j)$ 表示。

第八步:递推方程。

其求解网络具体如图 9-4 所示。

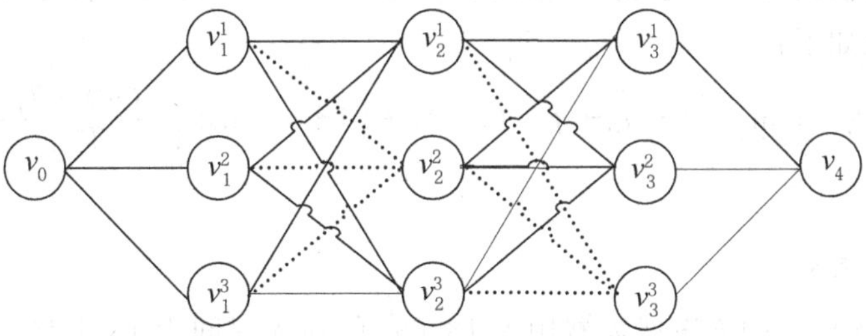

图 9-4 动态规划求解网络

当 $k=3$ 时,由城市节点 v_3 到终点城市 v_4 的三种,$f_3(v_3^1)=93$,$f_3(v_3^2)=160$,$f_3(v_3{}^3)=12000$。

当 $k=2$ 时,运输方式有三种,若选铁路,则有三个选择,v_2^1 到 v_3^1,v_2^2 到 v_3^1,v_2^3 到 v_3^1,则:

$$F_2(v_2)=\min\begin{Bmatrix} v_2^1(v_2^1,v_3^1)+f_3(v_3^1) \\ v_2^2(v_2^2,v_3^1)+f_3(v_3^1) \\ v_2^3(v_2^3,v_3^1)+f_3(v_3^1) \end{Bmatrix}$$

$$=\min\begin{Bmatrix} 153+93 \\ (300+93+200)\times(1+1\times(16-12)/12) \\ 10000+93+400 \end{Bmatrix}$$

$$=246$$

若选公路，同样有三个选择，v_2^1 到 v_3^2，v_2^2 到 v_3^2，v_2^3 到 v_3^2，则：

$$F_2(v_2)=\min\begin{Bmatrix} v_2^1(v_2^1,v_3^2)+f_3(v_3^2) \\ v_2^2(v_2^2,v_3^2)+f_3(v_3^2) \\ v_2^3(v_2^3,v_3^2)+f_3(v_3^2) \end{Bmatrix}$$

$$=\min\begin{Bmatrix} (153+160+200)\times(1+1\times(13-12)/12) \\ (300+160)\times(1+1\times(17-12)/12) \\ 10000+160+300 \end{Bmatrix}$$

$$=555.75$$

由计算结果可得从城市节点 v_2 到 v_3 的最优运输方式是铁路；同理，当 $k=1$时，选铁路，则：

$$F_1(v_1)=(6300+246)\times(1+2\times(42-24)/24)=21274.5$$

若选航空，则：

$$F_1(v_1)=(12000+246)\times(1+1\times(18-12)/12)=18369$$

由计算结果可得，在第一阶段，从越南到郑州选择航空运输更合适。可将最优运输路线在图上表示(粗线表示最优路线)，且通过计算过程，可得到递推方程如下：

$$\begin{cases} f_i(s_i)=\min\limits_{u_i(s_i)\in D_i(s_i)}\left\{(k_{i-1,i}^{nj}+f_{i-1}(s_{i-1}))*\left(1+a\times\max\left\{\dfrac{t^n(v_i^j)-T_{\max}}{T_{\max}},0\right\}\right)\right\} \\ f_0(s_0)=0 \end{cases}$$

2.结果分析

(1)优化后的方案所需费用为 18369 元，所需时间为 18 小时。

首先从费用来说，如果全程采用铁运，总费用是 6546 元，无疑是最实惠的运输路径，全程采用空运，费用高达 34000 元，基本是铁路运价的五倍，但由于进口的货物是时鲜水果，对时间有着很高的要求，物流的全程服务必须保证水果从起点一直到客户手中都是新鲜的，这时只考虑费用就不能满足市场的需求了。

从时间来讲，如果全程采用空运，仅需要 7.2 个小时，是最快的运输方案，如果全程采用铁运，则需要 42 个小时，将近两天的时间，再加上水果由批发市场到零售市场再到客户手中的时间，不难想象，时鲜进口水果最终在超市陈列的样子。

所以在空运速度极快的情况下，考虑到多式联运，即在整个运输过程中既使用到空运的速度，铁运的实惠，同时使用到公路的灵活。因此对整个运输过程进行优化，优化后的结果，运输时间 18 个小时，比全程采用铁路整整少了一天，运输费用 18369 元，比全程使用空运节省了一半左右。优化后的多式联运方案，结合空运，使时间和费用这两个相互冲突的概念可以得到最大化的平衡，这也为航空港大力发展多式联运提供了足够有力的支撑，多式联运不仅适用于海港，同样适用于航空港。

(2)优化后的方案凸显出了各种运输方式的特点。如采用铁路，考虑到运费低的特点；采用空运，考虑到速度快的特点；采用公路，考虑到中转灵活的特点。多式联运将不同运输方式的特点结合起来，提高了运输效率，极大促进了航空港航空物流的发展，且必将提高航空港物流产业的竞争力，从而带动整个航空港的发展。

9.1.3　基于"卡车航班"地面配送优化

根据以上分析，航空运输在速度上确实占有绝对优势，但是无论是铁路还是公路在与航空运输发生转运活动的时候，中转时间由于地面衔接机制的不完善，导致整个运输时间增加，而且往往在地面中转的时间超过空中的运输时间，因此我们需要对航空港地面衔接进行优化，从而达到缩短中转时间，提高运输效率的结果。

1."卡车航班"地面衔接优化流程

航空港广泛采用"卡车航班"运输形式优化地面配送。卡车航班指的是飞机运输与卡车运输相结合，由航空公司按照固定的时间以及航线进行操作，飞机每次运输都会对应一个固定的航班号，卡车航班就是利用这个航班号区别于普通的卡车运输，也就是说，每一辆卡车与固定的一个航班号相对应，实时掌握这趟航班的班期和时刻，每次这个航班号要发生运输工作，对应的卡车航班能够及时、准确地做到接机工作，具体流程如图 9-5 所示。

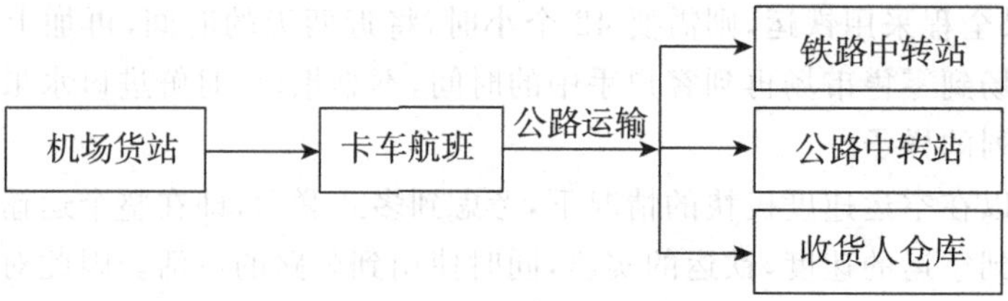

图 9-5　地面衔接优化后流程

优化后的流程与图 9-2 优化前的流程相比，减少了货物在机场等待、滞留的时间，且使用统一的卡车运输，在装卸搬运的过程中也会节省很多时间，卡车航班的出现弥补了飞机运输缺乏灵活性的特点，保证了货物可以及时在机场得到中转，提高了整个运输的时效性。

2.流程优化步骤

第一步：在航空港成立“卡车航班”部；

第二步：与货运航班构建信息平台，使航空公司准确获得每一班货运飞机的落地时间、货运量、货运种类；

第三步：建立卡车航班专线，使卡车在运输过程中高效、准确地完成运输工作；

第四步：准备好接机卡车类型，及时到达机场货站待命；

第五步：接到货物的卡车按照指定收货地及时送达，实现陆空货运“无缝衔接”以及“门到门”服务。

相反，如果有货物要通过航空港转运，可以在公路货运站同样建立“卡车航班”部，专门为送往航空港的货物服务，且要建立信息共享机制，保证各航班信息可以准确无误地送达。

卡车航班的设立通过飞机与卡车无缝联运的设计，既运用了联程运输实行“一次报关、一次查验、一次放行”的直通式通关服务，避免了繁杂的通关手续，同时发挥了卡车运输灵活的优势，大大减少了运输时间，降低了运输成本。通过卡车航班建立非枢纽机场与枢纽机场之间的联系，卡车航班完全是为了向枢纽机场汇集货物，或者为枢纽机场发散货物而开通的，卡车航班不仅节约了航空港地面配送货物的中转时间，而且很大程度上分摊了地面货代企业的权利，占领绝对主导地位，不仅可以规范货运市场，同时可以有效地控制物流成本。

9.2　基于低碳运输的多式联运优化

9.2.1　多式联运发展现状分析

1. 多式联运发展整体较弱

(1)国家政策在多式联运上的支持较为片面,铁路竞争力小于公路竞争力是当今海铁联运不能全面发展的原因之一,即各种运输方式不能公平竞争导致多式联运发展潜力没有被激发出来。

(2)分段运输与多式联运是现存两种集装箱联运形式,但分段运输迫于某些因素的影响而使结果不利于运输市场的合作竞争关系。由于在我国没有统一的衔接标准、信息开发水平及应用程度低、多式联运基础设备不完善等问题使“门到门”运输很难。

(3)交通运输设备落后。我国的运输网络及运输枢纽还需要进一步完善,努力达到高科技装备水平。

(4)多式联运信息通信技术的落后使多式联运运输系统不能统筹兼顾运输方式、多式联运经营人、多式联运管理者等。

2. 低碳运输的影响因素

(1)运输结构对货运能耗的影响。

运输结构是指五种运输系统与外部相互联系的各个方面的有机比例和构成。运输结构是由各种运输方式运力所决定的,其内在含义是 5 种运输方式的运输量的比例关系。从这个定义中,可以知道以下两个含义:

①外部宏观社会经济环境与综合运输系统应当是存在连接关系的。

②综合运输系统的五种运输方式之间具有结构比例关系,即各种运输方式间量的关系。货物运输结构包括客运量、客运周转量、货运量、货运周转量、运输产值等运输生产指标。

货物运输结构根据前人的研究将其定位在中观层次上较为容易探讨货物运输结构对能源消耗的情况。即在中观层次上,运输结构特指各种运输方式在实现协调运输的目的时各自所承担的货运周转量或货运量的比例关系。运输结构的形成要受到环境的限制,应接受环境的选择并与环境协调共存。那么各种运输方式又是如何经过运输结构的调整影响社会环境经济呢?具体如图 9-6 所示。

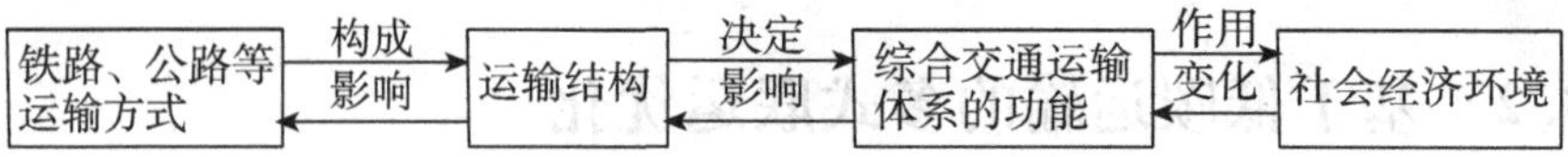

图 9-6　运输方式影响社会环境经济

由以上的理论知识及一些相近研究可以得出如下结论：货物运输结构中所包含的各种运输方式的组合比例及各自应承担的货运量及货物周转量的增加会造成货物运输能源消耗的增加；同时，运输结构的内在比例不合理，如五种运输方式的货运量的比例不合理亦将使能源利用率降低，不利于低碳运输的推进。

(2)货物周转量对运输能耗的影响。

货物周转量是指在一定时期内，由各种运输方式承担的货物数量与其相应运输距离的乘积分别相加得到。分析货物周转量是了解五种运输方式在一个国家或地区发展状况的有效方法。

根据货物周转量及货运量的相关数据可计算出五种运输方式在 2000 年到 2013 年的货物周转量及各自所占比例，如表 9-11 所示。

根据表 9-11 的数据可得到各年各种运输方式的货物周转量的散点，具体如图 9-7 所示。

表 9-11　2000 年到 2013 年的货物周转量　　单位：亿吨

年份	铁路	航空	水路	公路	管道
2000	13770.5	50.27	23734.2	6129.4	636
2001	14694.1	43.72	25988.9	6330.4	653
2002	15658.4	51.55	27510.6	6782.5	683
2003	17246.7	57.90	28715.8	7099.5	739
2004	19288.8	71.80	41428.7	7840.9	815
2005	20726.0	78.90	49672.3	8693.2	1088
2006	21954.4	94.28	55485.7	9754.2	1551
2007	23797.0	116.39	64284.8	11354.7	1866
2008	25106.3	119.60	50262.7	32868.2	1944
2009	25239.2	126.23	57556.7	37188.8	2022
2010	27644.1	178.90	68427.5	43389.7	2197
2011	29465.8	173.91	75423.8	51374.7	2885
2012	29187.1	163.89	81707.6	59534.9	3211
2013	29173.9	170.29	79435.7	55738.1	3496

资料来源：中国统计年鉴

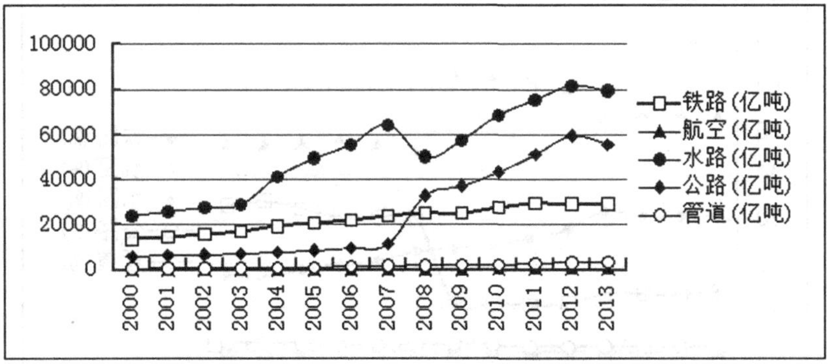

图 9-7　各年各种运输方式的货物周转量的散点

根据表 9-11，可得表 9-12，根据表 9-12 可得到各年各种运输方式的货物周转量比重的散点图，具体如图 9-8 所示。

表 9-12　2000 年到 2013 年的货物周转量比例

年份	铁路(%)	航空(%)	水路(%)	公路(%)	管道(%)
2000	31.070	0.113	53.551	13.830	1.435
2001	30.799	0.092	54.473	13.269	1.369
2002	30.893	0.102	54.277	13.381	1.348
2003	32.022	0.108	53.316	13.182	1.372
2004	27.776	0.103	59.657	11.291	1.174
2005	25.824	0.098	61.891	10.832	1.356
2006	24.712	0.106	62.456	10.980	1.746
2007	23.464	0.115	63.386	11.196	1.840
2008	22.762	0.108	45.569	29.799	1.762
2009	20.665	0.103	47.126	30.449	1.656
2010	19.490	0.126	48.244	30.591	1.549
2011	18.494	0.109	47.340	32.246	1.811
2012	16.793	0.094	47.011	34.254	1.848
2013	17.364	0.101	47.279	33.175	2.081

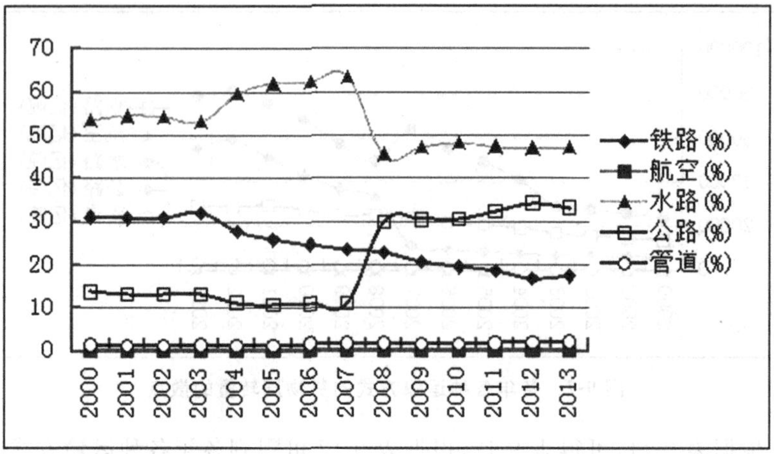

图 9-8 各年各种运输方式的货物周转量比重的散点

根据对 5 种运输方式的货物周转量及其各自的周转量之比的散点图可知:2000—2013 年 5 种运输方式的货物周转量总量是逐年递增的,但各种运输方式承担的周转量是不同的:铁路运输、公路运输始终占主导地位,水路运输在近年有稳定增长的趋势并且份额逐渐赶超铁路运输。

依据货物运输能耗因素的影响值计算结果,得出表 9-13 的表格数据。

表 9-13 货物运输能耗因素的影响值

时期	货物周转量变化影响值	货物运输能耗强度变化影响值				
		铁路	航空	水路	公路	管道
2000—2001	−922451	−183064	−22818	−82388	−578577	−6445
2001—2002	4731329	−195197	−23106	−76210	−608885	−6682
2002—2003	5676220	−211547	−26565	−85297	−644915	−7110
2003—2004	11827180	−235260	−31457	−108519	−694917	−7784
2004—2005	9168927	−257505	−36617	−141847	−767844	−9483
2005—2006	9122318	−274653	−42009	−168071	−856343	−13139
2006—2007	12867573	−294046	−52090	−79196	−979426	−17065
2007—2008	9554276	−73390	−38501	−115498	−1127977	−5718
2008—2009	4936050	−37768	−38752	−112811	−1249847	−6796
2009—2010	1742792	−224972	−45503	−122330	−133604	−6899
2010—2011	4867531	−207768	−43665	−103679	−1458773	−15470
2011—2012	5789457	−79068	−37962	−112509	−655780	−6955
2012—2013	9054690	−214632	−50693	−146923	−732178	−9706

其中,负号代表货物周转量的增加加剧了各种运输方式承担的运输能源消耗。由以上表格可知:2000—2013年,5种运输方式的能耗强度变化影响值呈现的数值都显示为负值,由以上对负值含义的释义可知,货运能耗量的增加是与周转量增加及近些年来的运输结构的调整有关的。虽然各种运输方式每年承担的货物周转量所占比重变化趋势是不同的,但可以了解到货物周转量增加是货物运输能源消耗增加的一大因素。

(3)运输结构优化调整。

本书认为的运输结构优化单纯指运输结构的合理化,它的内容主要包括运输方式之间的匹配、运输量在运输方式上分配的比例关系。

运输结构的优化关键在于协调运输方式,运输结构的协调主要包括三个方面:

1)各运输方式的素质协调。这里的协调指各运输方式在技术水平层次上能够很好地衔接;

2)运输结构中各运输方式地位协调。这里的协调是指运输系统内的各种结构要素的组合应当是具有层次性的,并且它们之间的重要性地位很明确,按重要性程度依次发展。

3)连接各运输方式的手段要协调。即运输系统的各结构要素的投入—产出比例关系协调。

对于物流公司来说,运输结构合理化的调整模型具体如图9-9所示。

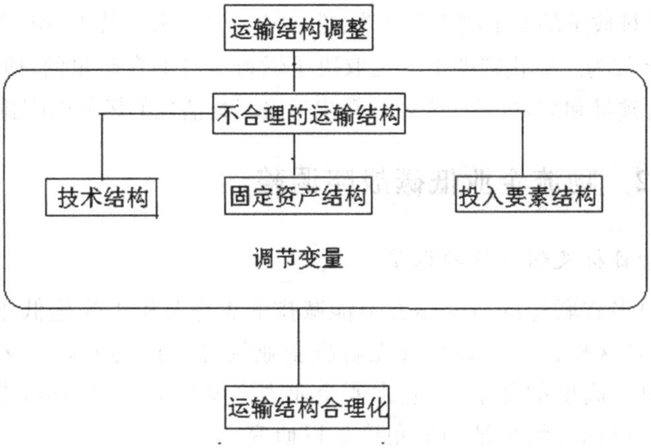

图9-9 运输结构调整模型

(4)运输角度考虑的能源消耗与碳排放的关系。

依据供应链流程,整个碳排放绝大部分都集中在供应链过程,包括回收碳排放、消费碳排放、运输碳排放、产品生产碳排放、原材料生产碳排放。能源活动温室气体排放源具体如图 9-10 所示。

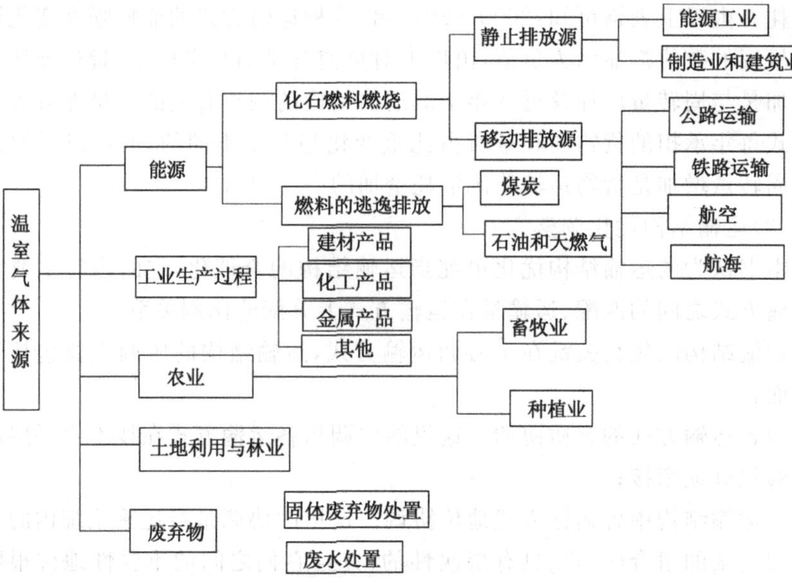

图 9-10 温室气体排放示意图

其中,各种移动排放源是碳排放的主要来源,约占整个温室气体排放系统的 1/5。

本节着重从运输碳排放角度研究能源消耗与碳排放的关系。运输所产生的温室气体排放量的基本测算方法为:排放量＝AD×EF,其中,AD 为能源耗用量,这里 EF 仅为二氧化碳的 EF,是取决于燃料本身的含碳量的,所以,只要明确能源的含碳量和数量,就能大致估算出运输工具消耗的燃料的碳排放。

9.2.2 物流企业低碳战略调整

1. 经营目标及组织结构调整

本书对多式联运的研究是在节能减排的思想基础上实施低碳运输计划的,而要达到这种目的就必须首先解决企业管理层面的问题。多式联运系统本身就具有高度的复杂性,它需要企业为之做出很大的调整,本小节主要从企业经营目标及组织结构的角度加以研究。

(1)经营目标调整。

物流公司的经营目标在过去大概是节约成本、节约时间、控制市场等,但是随着经济全球化及人类面临严酷的环境问题的出现,物流企业的成败并不仅仅在于减少成本及增加经济收益,因此企业面临调整经营目标的问题。认识社会经济环境的变化将有利于企业调整经营目标,物流企业的经营目标的制定要考虑以下方面：

兼顾经济效益与环境效益。能源的限制、环境的制约以及由此产生的政府的宏观调控措施都在未来的时间里影响物流企业的发展。在本书的研究背景中可以了解到运输业已成为排放 CO_2、CO 等对环境有害的气体的主要行业，所以物流行业的发展必须要考虑环境效益。但就一个物流企业的发展来说，其首要经营目标应定位在兼顾经济效益与环境效益，而多式联运下的低碳运输推进将为此目标谋求一种手段。

最大限度节约能源与最大限度满足货物运输需求。物流环节节能减排的同时必须要满足客户需求才能增加市场占有率。

(2)组织结构调整。

组织结构大都为树形图，一部分为矩阵。本书着重研究运输业，实现多式联运以推进低碳运输的企业组织变革是当前物流企业需要考虑的方面。本书设置企业组织结构时应将运输职能相关性较强的职能归并到一起，即运输职能作为一种基本职能设置一个部门或依据完整的运输流程设置一个部门。

2.基于盈亏平衡分析法的成本调整

多式联运的应用势必需要物流公司对自己的成本结构进行适当调整。交通工具的多样化才能适应多式联运的需求，所以公司应根据具体情况增加固定成本即购买或租用运输工具，缩减可变成本，经过适当调整以后可以为公司带来可观的业务量和利润量。

根据$\begin{cases} TC=F+C_v\times Q \\ TR=P\times Q \\ TC=TR \end{cases}$，可推导出 $BEP(Q_0)=\dfrac{F}{P-C_v}$，其中 TC 表示总成本费用，F 表示固定成本，C_v表示单位可变成本，P 为单位运输量价格。

在总成本不变，固定成本增加，可变成本减少，P 不变，盈亏平衡点不变的情况下，控制适当的运输量就可使物流企业以更大速率盈利。整个调整过程如图 9-11 所示。

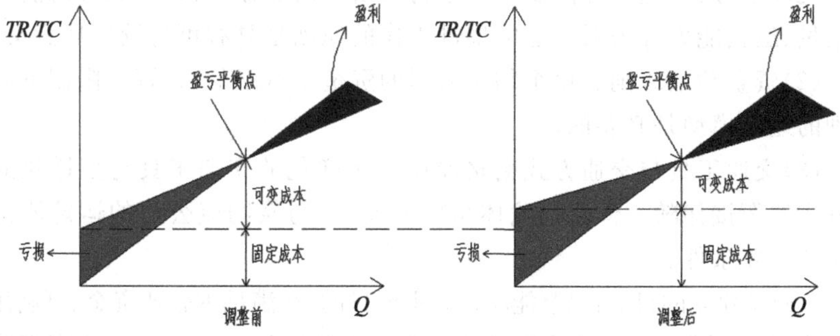

图 9-11　成本结构调整后的企业盈亏示意图

这里要强调的是当盈亏平衡点不变，而可变成本减少时，扩大的物流企业的运输业务量也要适度而不能仅想到盈利。这是因为对于中小型物流企业来说，由于其运输容量承载能力有限，会出现运力不足的情况，引致各种财务风险（如货物堆积产生的仓储费）及信誉风险（如运输质量下降），反而阻碍了企业的发展。但对于大型物流企业来说，其相对运输承载容量较大，运输量及盈亏平衡点均可设置得相对高一些，更利于提升企业的经营能力。

3. 人才匹配调整

人力资源建设是企业经营成败的关键。物流公司在实行基于多式联运的低碳运输推进工作时要做两方面的人力资源调整。

(1)当物流公司在调整自己的组织结构的时候，企业人力资源的配置就发生了一次变动。根据组织战略调整的相关信息，将运输与运输相关的职能整合成一个部门并将其有关人员围绕运输功能重做调整，比如，将包装、配送、仓储、订单处理等运输之前必做的工作作为多式联运前的低碳运输流程。服务共享部门的人员不做调整。

(2)物流企业对多式联运的整体操纵使人力资源的配置有了第二次较为精细的变动，这要求专业人员的精专化，如物流企业需要完成对专业的车辆配置人员、路线规划及信息跟踪人员、车辆保管人员、车辆外借及租用人员、运输绩效考核人员等一系列精细的人员配置工作。

9.2.3 低碳运输多式联运模型构建

1. 模型构建原则及目的

物流公司针对运输结构、能源环境、成本约束等限制条件建立的多式联运的低碳运输推进的线性规划模型需要遵循如下原则：

(1)资源优化、环境质量、运输能力等相适应原则。交通工具的能源消耗、运输体系对资源的依赖及其对环境造成的噪声、大气污染等负面影响，从微观环境分析，这已经限制了每个物流公司的运输，所以，以资源优化、环境质量、运输能力等为低碳运输推进工作的原则是具有可持续发展意义的。

(2)资金约束原则。单个物流公司的资金是有限的，在资金限制下制定合理的运输模型是必要的。

(3)交通工具与交通方式衔接原则。多样化的交通工具与多样化的交通方式的衔接伴随一体化运输体系的演变，是与某物流公司的运筹能力相适应的必要条件。

该模型建立的目的：以节能减排为主要目的，在满足本企业资金、可利用资源、运输结构等条件下建立线性规划模型，以期达到多式联运的低碳运输效果。

2. 参数的设置

根据模型的需要，假设 w_i 为某物流公司第 i 种运输方式一年内的货物运输能源消耗量；R_i 为某物流公司第 i 种运输方式一年内所承担的货物周转量；E 指物流公司运营投入在能源消耗上的资金；i 为 5 种运输方式分别代表铁路、航空、水路、公路和管道运输；其余均为已知参数；I^t、A^t、B^t、C^t 分别为 t 年内管道、内燃机车、电力机车、蒸汽机车的油（单位：千克）、电（单位：千瓦小时）、煤消耗量（单位：千克）。Y_4、Y_6、Y_9、Y_{10} 等分别代表汽油、柴油、电力、煤炭折标准煤参考系数，分别为 1.4714、1.4571、0.1229、0.7143；S_4、S_6 分别为汽油、柴油密度，分别为 0.725g/mL 、0.84g/mL；g、h 分别为汽油车和柴油车完成的货物周转量比重。

根据我国 GB/T 2589－2008《综合能耗计算通则》中所使用的方法计算，铁路、航空、水路、公路、管道运输分担的能源消耗定额计算公式分别为：

$$\begin{cases} w_1 = (A^t aY6 + B^t bY_9 + C^t cY_1)R_1 \\ w_2 = D^t Y_{10} R_2 \\ w_3 = F^t Y_6 R_3 \\ w_4 = (G^t S_4 gY_4 + H^t S_6 hY_6)R_4 \\ w_5 = IR_5 \end{cases}$$

3. 模型构建及说明

基于以上参数的基础，现构建如下线性规划模型：

$$\min T = \sum_{i}^{i=1} w_i (i = 1,2,3,4,5)$$

$$\begin{cases} \sum w_i \leqslant w \\ w_1 = (A^t \mathrm{a} \mathrm{Y}_6 + B^t bY_9 + C^t cY_0)R_1 \\ w_2 = D^t Y_{10} R_2 \\ w_3 = F^t \mathrm{Y}_6 \mathrm{R}_3 \\ w_4 = (G^t S_4 gY_4 + H^t S_6 hY_6)R_4 \\ w_5 = IR_5 \\ \sum_{i=1}^{5} w_i P_i \leqslant E \\ \sum_{i}^{i=1} R_i \geqslant R \\ R_i^{\min} \leqslant R_i \leqslant R_i^{\max} \\ R_i \geqslant 0, w_i \geqslant 0 \end{cases}$$

基于以上模型的建立，现说明以下三点：

(1)在具体到物流公司案例时，应适当调整该模型的约束条件。该模型最主要的目的是使货物运输在满足公司货运量、综合运用各种运输方式的基础上，最大限度地节约能源，从而减少碳排放。又由于数据信息搜集整理受到信息渠道等方面的限制，因此，本节的模型建立要满足以下假设：该公司发展较为稳定且数据搜集渠道不受限制。

(2)w、R、P 是根据某物流公司过去年份的相应数值得出的。第一个与第二个约束条件是各运输方式的能源消耗量及各运输方式的能源消耗量之和小于总预定的能源消耗；第三个约束条件是各运输方式总能源的总费用小于公司预算总资金；第四个约束条件是指各种运输方式的周转量要在上下限范围内；第五、六个约束条件指每种运输方式所应承担的能源消耗量及运转量均为非负值。

(3)该模型为线性规划模型，各个约束条件都是围绕能源消耗、能源成本建立的，在统计物流公司的各种运输方式的货物周转量及其他各种数值时，由于统计上的误差，比如各种运输方式所消耗的各种能源在当年的每一时期的价格都是不一样的，所选取的平均值具有一定的误差，这可能会使参数设置存在不合理性，在实际设置参数时要注意这点。必要时，根据具体测量值设置某些参数，如 Q^{min}、Q^{max}。

9.2.4 实证分析

根据以上构建的基于低碳运输的多式联运结构优化模型，以一家物流公司为例进行实证分析。

1. 某物流公司的经营现状及运输现状分析

(1)经营现状。

2011 年首次提出绿色包装；2013 年开展回收物流项目；2014 年强调低碳运输，但是多未能达到低碳标准；在信息技术方面，公司有条码识别技术、卫星定位系统；2010－2013 年公司结余资金分别如下：200 万元、336 万元、391 万元。

根据该物流公司 2013 年的相关数据得出实际各运输方式承担的货物周转量，如表 9-14 所示。

表 9-14 某物流公司 2013 年实际各运输方式的货物周转量

运输方式	铁路	航空	水路	公路	管道	总计
货物周转量(吨公里)	2710	20	7830	3350	0	13910
占比(%)	19.48	0.14	53.06	24.08	0	100

公司现有组织结构如图 9-12 所示。

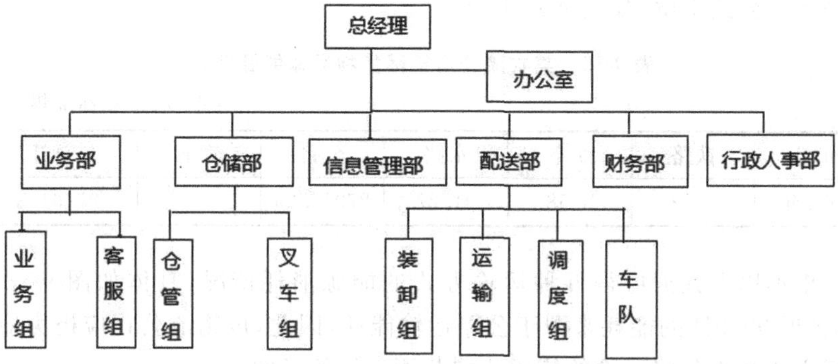

图 9-12 某物流公司现有组织结构

(2)运输现状分析。

首先,根据上述对该物流公司的描述,分析得出其现存低碳运输问题主要有以下 3 个方面。

1)固定的运输模式,只使用公海联运的运输模式,忽略掉公路、水运以外的运输方式的联运,没有意识到多式联运对低碳运输推进的重要性。该物流公司没有认识到推进低碳运输并不是仅仅靠运输环节的低碳化如绿色包装来实现,多式联运是通过减少能源消耗进而节能减排,最终推进低碳运输的。

2)缺少支持多式联运的信息系统。对运输工具的预测和规划是依赖这种信息系统的支持,运输方式的选择对库存、装卸、搬运等有直接影响,从而对物流运输系统的合理化造成影响。

3)低碳运输的推进缺乏政策的指导。国内外在对低碳运输推进的各项政策研究中已有所进展,例如 Mingzhou Jin 认为,物流企业应根据各国的环境政策、经营管理政策及战略规划优化供应链网络。

其次,根据表 9-14 可知该物流公司的运输结构失衡且存在远没有发挥企业地理优势的问题。该物流公司在沿海地区,而水运货物周转量只占据了总货运周转量的 53.06%,可以更大程度上拓展水运业务量,扩大水运货物周转量的占比发挥该公司的水运优势。

最后，根据相关模型构建中各运输方式能源消耗的求解公式，即

$$\text{运输能耗计算公式：}\begin{cases} w_1=(A^t aY_6+B^t bY_9+C^t cY_{10})R_1 \\ w_2=D^t Y_{10}R_2 \\ w_3=F^t Y_6 R_3 \\ w_4=(G^t S_4 gY_4+H^t S_6 hY_6)R_4 \\ w_5=IR_5 \end{cases}$$

求解出该物流公司 2013 年五种运输方式分别承担的能源消耗量根据模型中的公式求解，如表 9-15 所示。

表 9-15 某物流公司实际货物运输能源消耗

（单位：千克标准煤）

年份	铁路	航空	水路	公路	管道	总计
2013 年	8.22	8.58	91.27	27053.25	0	27161.32

根据以上数据可得五种运输方式的能源消耗情况，具体如图 9-13 所示，将近 99.9%的能耗来源于公路运输能耗，因此，该物流公司应极力应用联运方式减少公路运输的使用达到节能减排的目的。

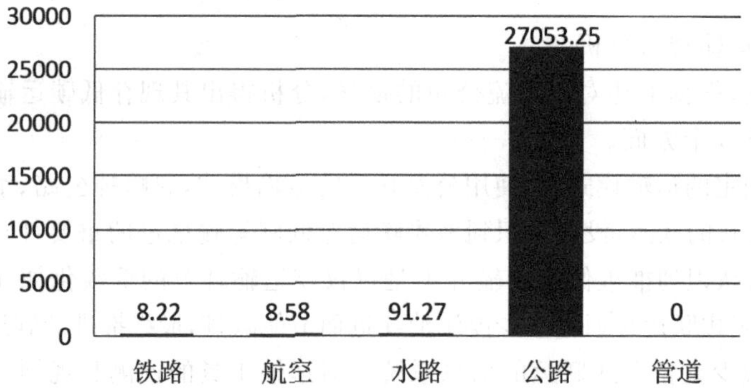

图 9-13 五种运输方式的能源消耗（单位：千克标准煤）

2. 低碳运输优化

（1）组织结构的调整。

根据以上实施多式联运企业应当做的组织结构调整说明，该物流公司应围绕运输功能将与运输紧密联系的物流环节专门设立一个部门，改进后该公司的组织结构如图 9-14 所示。

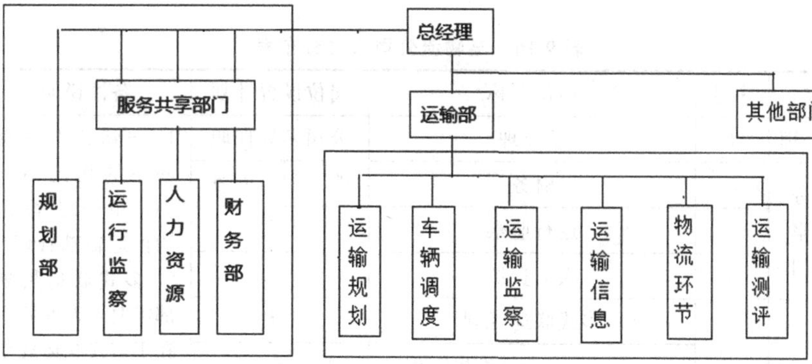

图 9-14　改进后某物流公司的组织结构图

(2)某物流公司运输结构的优化调整。

运输结构的调整依赖运输方式之间的良好协调。首先,该物流公司存在不合理的运输结构:第一,固定资产投入较少。物流公司的一个竞争优势是先进的物流设备,而要解决这个问题,该公司由于在短期内资金问题并不能立刻解决,所以只能在长期内注意调整固定资产的结构;第二,技术结构不合理。该物流公司在技术上比如信息技术、运输技术、信息技术与运输技术相结合的应用较少,在已有技术结构基础上,未来在资金充裕的情况下开发或引进多式联运路线规划系统,合理布局规划各种运输方式。其次,转变该物流公司的运输方式的结构形态。比如,该物流公司的运输多为公海联运,如果将该物流公司的联运方式多定位在海铁联运上,能为该物流公司在成本、时间、安全方面带来很大的效益。

(3)某物流公司人才结构的调整。

该物流公司要想基于多式联运推进低碳运输的发展,调整物流人才结构是关键。该物流公司专业物流人才有 9 人,并没有将物流人才区分为高级、中级、初级等层级,物流人员的等级很简单。该物流公司在人员结构调整上除随组织结构调整外,还要将与运输联系密切的物流功能结合在一起所建立的部门配备更精良适当的物流人才,只有物流人才之间协调合作,才能使多式联运的各种运输方式紧密联系起来。基于该物流公司人员安排层次不清,现对其人员调整如表 9-16 所示。

表 9-16　某物流公司人员分布表

<table>
<tr><th>部门</th><th>序号</th><th colspan="2">岗位名称</th><th>岗位设置计划</th><th>备注说明</th></tr>
<tr><td>总经理</td><td>1</td><td colspan="2">总经理</td><td>公司领导任职</td><td rowspan="14">1. 与运输有紧密联系的物流环节如订单处理、配送均由运输部管理。
2. 多式联运规划部需要 4 人的原因在于多式联运规划包括多种工作，比如路线规划、信息传输、运输方式安排等，需要 4 人以上的物流专业人才合理分工。
3. 配送管理需要两人以上的原因是这里要做的配送工作很多，比如，车辆调度、订单等的处置工作。</td></tr>
<tr><td rowspan="3">服务共享部门</td><td>3</td><td colspan="2">财务</td><td>账务部 2 人兼</td></tr>
<tr><td>4</td><td colspan="2">运行监察</td><td>1 人</td></tr>
<tr><td>5</td><td colspan="2">人力资源</td><td>2 人</td></tr>
<tr><td rowspan="10">运输管理部</td><td rowspan="7">6. 多式联运综合部</td><td colspan="2">多式联运规划</td><td>4 人</td></tr>
<tr><td rowspan="3">联运配送</td><td>库房管理</td><td>1 人或 2 人</td></tr>
<tr><td>配送管理</td><td>2 人以上</td></tr>
<tr><td>配送售后服务</td><td>1 人以上</td></tr>
<tr><td>与其他物流环节衔接</td><td></td><td>1 人</td></tr>
<tr><td>联运运行监察</td><td></td><td>1 人</td></tr>
<tr><td colspan="3">其他(待设置)</td></tr>
<tr><td rowspan="3">7. 低碳运输部</td><td>运输综合测评</td><td></td><td>1 人</td></tr>
<tr><td>运输信息系统</td><td></td><td>1 人</td></tr>
<tr><td colspan="3">其他(待设置)</td></tr>
<tr><td rowspan="5">运营部</td><td>8</td><td colspan="2">送检员</td><td>服务共享部兼</td><td rowspan="6">4.“其他”表示该物流公司根据实际情况有必要设置的其他部门。</td></tr>
<tr><td>9</td><td colspan="2">安检员</td><td>服务共享部兼</td></tr>
<tr><td>10</td><td colspan="2">上牌员</td><td>服务共享部兼</td></tr>
<tr><td>11</td><td colspan="2">仓储</td><td>1 人</td></tr>
<tr><td>14</td><td colspan="2">维修及司机</td><td>8 人</td></tr>
<tr><td>其他</td><td>15</td><td colspan="3"></td></tr>
</table>

3. 可行性分析

该物流公司基于多式联运的低碳运输推进的可行性分析是一切工作进行的前提，可以从以下三个方面分析该物流公司推进低碳运输的可行性。

(1)时间价值成本效益。时间价值是物流效益之一，也反过来有益于物流系统的规划。运输方式不同，其经济运距也不同，在多式联运基础上，通过综合考虑道路状况、运输网络等进行运输方式的联运规划提升经济运距的经济效益。正因为各种运输方式存在不同的经济运距，从而间接地就产生了时间价值，这样就创造了运输效益。该物流公司占有地理优势，运用多式联运为该公司创造时间价值。

(2)低碳贡献——为该公司降低碳排放,较少能源消耗,提升该公司的环保声望。若该物流公司能综合利用运输方式,比如海铁联运,不仅能做出低碳贡献,而且能快速高效地完成运输。

(3)从技术及政策方面看,该公司实行多式联运的低碳运输推进是满足国家及社会要求的。

4.绩效分析

(1)低碳运输推进结果

该物流公司在进行组织结构调整、成本调整、运输结构调整、人才结构调整后,已基本上具备了实施多式联运的条件。基于以上关于多式联运低碳运输能源节约构建的模型建立该物流公司的模型,考察以上推进工作带来什么样的结果。模型建立如下:

$$\min T = \sum_{i}^{i=1} w_i \quad (i=1,2,3,4,5)$$

$$\begin{cases} \sum w_i \leqslant w \\ w_1 = (26.5 \times 26.2\% \times 1.4571 + 96.6 \times 73.8\% \times 0.1229) \times 10^{-4} \times R_1 \\ w_2 = 0.285 \times 1.5048 \times R_2 \\ w_3 = 8 \times 1.4571 \times 10^{-3} \times R_3 \\ w_4 = (8.1 \times 0.3 \times 0.725 \times 1.4714 + 6.4 \times 0.7 \times 0.84 \times 1.4571) \times R_4 \\ w_5 = 109.14 \times 10^{-4} \\ P_{11} \times w_{11} + P_{12} \times w_{12} + P_2 \times w_2 + P_{11} \times w_3 + P_3 \times w_4 \leqslant E \\ \sum_{i}^{i=1} R_i \geqslant R \\ R_i \leqslant R_i \leqslant R_i \\ R_i \geqslant 0, w_i \geqslant 0 \end{cases}$$

其中E、P_i、R_i^{max}、R_i^{min}的值根据该物流公司的实际情况确定过程如下:

综合考虑该物流公司的经营能力、五种运输方式的发展特征及各自所能承担的货物运输量来确定合理R_i^{min}、R_i^{max}。可以设定该物流公司的铁路、航空、公路、水运、管道五种运输方式所对应的R_i^{min}、R_i^{max}分别如下:2500,3200;15,30;7510,8905;3116,3500;0,2。w结合该物流公司的能耗表(9-15)设定为27161.32;R设定为13190。E为该公司2012年结余资金336万中除去运输相关费用以外的其他费用,预计2013年可用于多式联运调整工作的资金为212万元,可用于运输能源消耗的费用E最多为100万元;而P_{11}、P_{12}、P_2、P_3为柴油、电力、煤油、汽油折算成标准煤后的价格,又据2013年海南省柴油、电力、煤油、汽油的能源市场价格在这一年的价格数据如表 9-17 所示。

根据以上数据计算出煤油、电力、柴油、汽油在 2013 年的平均价格分别为：31.10 元/升、0.66 元/度、7.33 元/升、7.80 元/升；所以 P_{11}、P_{12}、P_2、P_3 分别为 40.13 元/千克、0.66 元/度、8.14 元/千克、11.14 元/千克。

对模型进行求解，求解结果如表 9-18 所示。

表 9-17　煤油、电力、柴油、汽油 2013 年该公司所在地的价格表

日期	煤油(元/升)	电力(元/度)	柴油(元/升)	汽油(元/升)
2/25	34.23	0.66	7.67	8.02
3/27	31.52	0.66	7.41	7.79
4/25	29.68	0.66	7.07	7.66
5/10	29.46	0.66	7.15	7.73
6/07	29.82	0.66	7.08	7.66
6/24	29.82	0.66	7.16	7.73
7/11	30.95	0.66	7.16	7.73
7/22	30.95	0.66	7.15	7.73
9/02	31.67	0.66	7.55	8.08
9/16	31.67	0.66	7.55	8.08
9/30	31.67	0.66	7.42	7.97
11/01	31.31	0.66	7.29	7.10
11/15	31.32	0.66	7.23	7.80
11/29	31.32	0.66	7.66	8.11

数据来源于金投网：http://www.cngold.org/crude/qiyou.html.

表 9-18　该物流公司联运模型求解结果

目标函数最优值	$\min T=\sum_{i}^{i=1} w_i\,(i=1,2,3,4,5)=14441.1961$
运输方式	优化后周转量(吨公里)
铁路 R_1	3200
航空 R_2	30
水路 R_3	8905
公路 R_4	1773
管道 R_5	2

其中目标函数值为 14441.1961 是指通过对该物流公司的多式联运优化后，其运输能耗总和最少为 14441.1961 千克标准煤。

(2)对比分析。

该物流公司优化前后的货物周转量对比情况如表9-19所示。

表9-19　某物流公司货物运输结构优化前后对比

变量	优化前		优化后	
	周转量(吨公里)	占比(%)	周转量(吨公里)	占比(%)
铁路 R_1	2710	19.48	3200	23.01
航空 R_2	20	0.14	30	0.22
水路 R_3	7830	53.06	8905	64.02
公路 R_4	3350	24.08	1773	12.75
管道 R_5	0	0	2	0.01

根据表9-19的数据可得到该物流公司各种运输方式优化前与优化后的周转量的散点，具体如图9-15所示。

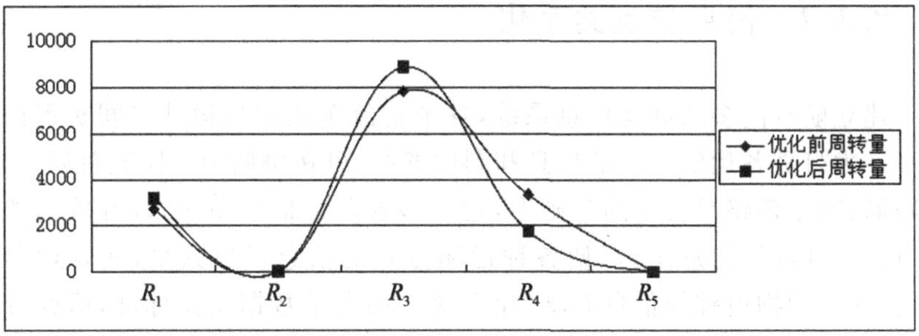

图9-15　优化前后五种运输方式的货物周转量

通过调整运输结构，该物流公司优化前与优化后的能源消耗分别为：27161.32，14441.1961，单位为千克标准煤。能源节约率为46.832%。

以上优化结果显示，在多式联运的基础上，对该物流公司的运输结构的调整是具有环保效益的，同时，根据相关研究，能源的节约使碳排放量减少，在《京都议定书》中1吨CO_2的碳交易价格约为61.2元。1千克标准煤又相当于3.023 kg CO_2，所以该物流公司相当于节约了约23.5万元。由此可见，碳交易税的规定会减少碳税，从而间接为企业带来经济效益。另外，上述数据结果及其分析为该物流公司实施多式联运指明了方向：该物流公司应逐渐增加水路运输、铁路运输的货物周转量以降低能源消耗，同时，强调水铁联运将可能创造很大的效益。在条件允许的情况下，综合利用各种运输方式能为企业带来环保效益及经济效益。

9.3 提高多式联运效率的相关策略

9.3.1 应用标准化装载单元

推广适用联运集装箱。通常情况下，采用集装箱等标准化装载单元可有效减少货物联运装卸时间、提高转运效率，现在比较成熟的是与海运的联运，往往都采用集装箱货运，但航空运输存在运价高、载重量有限等特点，空运需采用专用集装箱，适用于铁路、公路的国际标准集装箱无法在航空运输中使用，为提高转运效率，需研究适用于陆空联运的集装箱，充分调查航空港的货机机型，并与铁路、公路运输企业协调，研究推广适用陆空联运集装箱。

9.3.2 信息交互共享化

建立航空港多式联运信息系统，各个物流企业与货运站之间实现信息共享。为打破各运输方式的信息和制度壁垒，可在协调国家民航总局、国家铁路局、国家铁路总公司的基础上，建立多式联运信息系统，以开放的数据接口建设开放的信息平台，使各种运输方式的信息可以共享，实现运单票务、正晚点货物追踪等信息共享，建设统一的电子数据交换标准，研究货物追踪技术和标准，实现货物全程追踪，开放联运业务办理数据接口，为多式联运人提供开放、公平的发展环境，多式联运信息系统具体如图 9-16 所示。

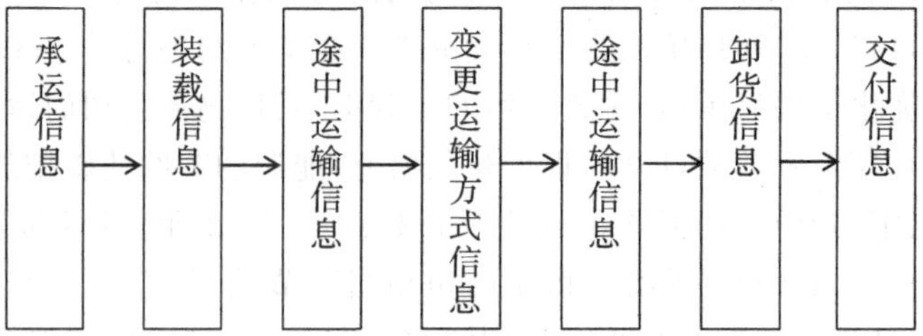

图 9-16 多式联运信息系统

9.3.3 建立统一的管理部门

省政府牵头改革行业管理体制，将航空、铁路、公路纳入一个部门统一管理。可分两步走：第一步，设立综合交通运输管理办公室，统筹协调各运输方式发展，审核铁路、公路、水运、航空等行业发展规划，建立民航、铁路、公路管理部门的定期会商机制，制定信息共享制度和多式联运政策制度，协调联运过程中各方利益，促进多式联运发展。

第二步，改革管理体制，实现多种运输方式的集中统一管理，结束多头管理局面，在投资、建设、管理方面做到综合效益最大化，真正实现多种运输方式"一盘棋"。

9.3.4 完善多式联运方面的立法

构建多式联运专门立法。目前我国关于多式联运的《海商法》已不适应国际多式联运的发展，应该参考其他国家法律和国际公约的先进经验，创立一部关于多式联运的专门立法，新的法案要考虑到多式联运运作过程中各个可能出现的主体的利益，要对可能出现的各种情况，如货物损坏赔偿的标准、方法，责任人等，尽量做出详细的法律条文，以确保各方利益能够得到法律的保护，详尽的法律也可以减少法律漏洞，使货运市场能够更加合理化、标准化。

综上，本书对航空港多式联运进行优化，首先，基于动态规划法的多式联运优化是对带有时间约束的多式联运运输方案进行优化，是对路径已定货物的运输进行多式联运方案选择问题的研究，建立整数规划优化模型，并采用动态规划算法求得问题的最优解，通过实证分析，优化方案将对航空港物流企业多式联运的方案选择提供决策依据。其次，通过卡车航班建立非枢纽机场与枢纽机场之间的联系，不仅节约了航空港地面配送货物的中转时间，而且很大程度上分摊了地面货代企业的权利，占领绝对主导地位，不仅可以规范货运市场，同时可以有效地控制物流成本。最后，在能源、环境的限制下，多式联运是推进低碳运输物流创新点之一，在资金、能源限制的条件下，根据货物周转量，对5种运输方式相互联合的货物运输结构进行优化能达到节能降耗的目的，调整运输结构可以为企业带来环境效益，从而提高航空物流服务供应链的整体绩效。

第10章　结论及展望

本书以航空港航空物流服务供应链为研究对象，以提高供应链效率及效益为目标，对航空港建设与中原经济区的关系、航空物流服务供应链信息共享、多式联运运输结构优化和低碳运输等内容进行研究，实现提高航空物流服务供应链整体效率与效益的目标，并进一步做了实证分析，具体结论及展望如下。

10.1　主要结论

(1)运用系统动力学方法，通过分析变量、绘制因果关系图，分析航空港建设与区域经济发展的关系，并以郑州航空港为例，进行实证分析，结果表明：航空港的建设很大程度上促进了区域经济服务业的发展，使得三大产业齐头并进，因此也带来了区域内产业结构的大调整：工、农业在经济中的比重有所下降，而服务业所占比重不断上升。根据以上结果分析，基于系统动力学的航空港建设与区域经济发展关系分析模型与实际相符，进一步验证了模型的可靠性。

(2)系统聚类法能比较准确地分析地区物流资源配置状况。构建基于系统聚类法的物流资源配置状况分析模型，以郑州航空港物流为例，展开实证分析，发现郑州无论是在基础设施的数量还是在对资源的配置和利用上都较为合理。近年来郑州物流在迅猛发展，物流增加值占 GDP 的比重都在逐年增加，说明物流的发展速度甚至超过了经济发展速度，且各市的宏观物流成本都在降低，但宏观物流成本占 GDP 的比重仍然较大，物流成本可降低的空间仍然很大。最后，通过聚类分析，将 18 个城市分为 3 类，其中以郑州的物流业最好，物流设施的配置也较为合理，为进一步优化航空港航空物流服务供应链打下了基础。因此，分析结果与实际相符，说明运用系统聚类法分析物流资源配置状况是可行的。

(3)提出加快航空港相关业务系统与物流公共信息平台的对接。航空港物流服务供应链各节点企业通过物流信息平台实现信息共享，是一个双赢局面，既充分利用共享的资源，又节约了整体运作成本。

(4)基于信息共享的利润增加能有效激励物流供应链信息共享的程度和质量。信息共享对航空物流服务链各节点企业非常重要，不仅可以提高作业效率，还可以使各节点企业的利润得到增长。根据实证分析，对称信息下的航空公司和货代企业利润均大于非对称信息下的利润，调整航空公司提供支付系数的约束范围，可激励货代企业共享信息的程度及质量。并提出航空公司主导的协调策略，使得货代企业的最优策略是共享其私有的市场需求信息，产品供给和销售价格也更加稳定，最终达到预期的协调目标。

(5)公平合理的利润分配方法有利于平台参与者的合作更加稳定和实现航空港长期平稳可持续发展，综合利润协商法优于按投资量大小、Shapley 值法、Nash 模型分配方法。当航空物流服务供应链成员选择共享信息时，无论哪一种分配方法得到的利润总比不共享信息或任意两家合作，得到的利润要多。不管采用哪种利润分配方法，当供应链各成员企业的努力都对产出有影响时，两者信息共享时收益必须要分享才可以激发双方的合作积极性。但对于供应链系统总收益最大化及公平性、合理性而言，综合利润协商法优于按投资量大小、Shapley 值法、Nash 模型分配方法。

(6)通过基于动态规划法的多式联运优化，使时间和费用这两个相互冲突的概念可以得到最大化的平衡，提高运输效率。采用“卡车航班”，对地面衔接形式的优化，实现航空港多式联运货运的零换乘。在能源、环境的限制下，多式联运推进低碳运输将是物流创新点之一。在资金、能源限制的条件下，根据货物周转量，对 5 种运输方式相互联合的货物运输结构进行优化能达到节能减耗的目的，调整运输结构可以为企业带来环境效益，从而提高航空物流服务供应链的整体绩效，进而促进航空港航空物流的发展，提高航空港物流产业的竞争力，带动整个航空港的发展。

10.2　展望

航空物流研究刚刚兴起，其理论和实践都还有很多值得研究的内容，虽然本书研究取得了一些进展，但是由于自身知识的局限和时间关系，加之客观条件限制，以下几个方面有待进一步完善。

(1)在信息共享激励机制方面。利用斯坦克尔伯格(Sackelberg)博弈理论建立数学模型是假设的是单一航空公司与单一货代企业之间的博弈，并没有对多个货代企业与多个航空公司之间的博弈进行研究，这样的模型具有一定的局限性。

(2)在信息共享利益分配方面。本书目前仅考虑供应链各节点企业一次性信息共享协同合作的收益分配策略研究,而两者间的合作可以是长期的、重复性的,这一长期合作的利润分配方法有待进一步研究。另外,由于物流公共信息平台的互联需要大量的资金投入及涉及信息共享的成员主体比较多,因此可能在实际实践中资金的筹集、机制设计及与相关人员沟通协调等方面的问题较难解决。

(3)基于动态规划法的多式联运优化是对带有时间约束的多式联运运输方案进行优化,是对路径已定的货物的运输进行多式联运方案选择问题的研究。但本优化方案仍存在很多进一步研究的空间,如没有考虑每个中间节点的时间约束,没有对路径未知、终点多个的情况进行研究,这些问题将在以后的学习研究中做进一步的探究。

(4)由于数据采集的限制,仅仅从货物运输结构中的五种运输方式的货物周转量的优化研究节能减排,也即是各运输方式的安排组织方面的研究,并没有从运输的微观层面(即各运输环节结构)考虑问题。基于这种模型对物流公司的运输结构的调整会带来环境效益是无可置疑的,但是,物流公司在调整运输结构时也存在各种成本,因此,需要对企业整体收益做进一步的财务分析。本书所讲的运输结构优化仅是运输结构合理化的一部分。多式联运系统的建立需要考虑很多方面。宏观方面要考虑交通体系的构建、道路结构的设计等;微观方面要考虑五种运输方式如何组合、如何调度交通工具使运输最优、如何在实现多式联运的无缝化连接等。但是本书仅论证了五种运输方式的组合会给物流公司带来环境效益,从而实施多式联运是很必要的。本书建立的模型仅仅是依据五种运输方式的周转量,多式联运的实施需要考虑时间、路线、人力、运输方式衔接等问题,这些是下一步研究需要考虑的因素。

附录　多式联运低碳运输模型求解结果

＊＊＊＊＊＊＊＊＊＊＊最优解如下＊＊＊＊＊＊＊＊＊＊

目标函数最优值为:14441.1961

变量	最优解	相差值
R_1	3200	0
R_2	30	0
R_3	8905	0
R_4	1773	0
R_5	2	0

约束	松弛/剩余变量	对偶价格
1	12720.108	0
2	0	−8.076
3	0	8.074
4	700	0
5	0	7.647
6	15	0
7	0	8.064
8	1395	0
9	1727	0
10	1547	0
11	0	8.065
12	2	0

目标函数系数范围：

变量	下限	当前值	上限
x_1	无下限	0.0019	8.076
x_2	无下限	0.4289	8.076
x_3	无下限	0.0117	8.076
x_4	0.429	8.0756	无上限
x_5	无下限	0.0109	8.076

常数项数范围：

约束	下限	当前值	上限
1	14441.212	27161.32	无上限
2	12137	13910	15457
3	2500	3200	4973
4	无下限	2500	3200
5	15	30	1803
6	无下限	15	30
7	7510	8905	10678
8	无下限	7510	8905
9	1773	3500	无上限
10	1773	3320	无上限
11	0	2	1775
12	无下限	0	2

参考文献

[1] 伍诗莹．我国保税物流发展研究——以苏州市为例[J].科技管理研究，2013(11)：220-223.

[2] 中国民航局局长冯正霖.满足人民美好生活需求 推动民航高质量发展[EB/OL]. http://www.caac.gov.cn/ZTZL/RDZT/2018LHDBHMH/201803/t20180315_55782.html，2018-03-13.

[3] 中国民用航空局.2016年民航行业发展统计公报[Z].2017.5.

[4] Goh. M，Ang. A. Some logistics realities in Indochina[J]. International Journal of Physical Distribution & Logistics Management，2013，30 (10)：887-911.

[5] Bookbinder，J H. ，Tan C S. Comparison of Asian and European Logistics Systems [J]. International Journal of Physical Distribution & Logistics Management，2003，3 (1)，36-58.

[6] Beasley J E. Allocating Fixed Costs and Resources via Data Envelopment Analysis [J]. European Journal of Operational Research，2003，147(1)：198-216.

[7] Pachkova E V. Restricted Reallocation of Resources [J]. European Journal of Operational Research，2009，196(3)：1049-1057.

[8] Zhao X，Qiu M. Information Sharing in a Multi Echelon Inventory System[J]. Tsing hua Science and Technology，2007，12 (9)：466-474.

[9] Shen Y，Willems S. Coordinating a Channel with Asymmetric Cost Information and the Manufacturer's Optimality[J]. International Journal of Production Economics，2012，135(1)：125-135.

[10] Li L. Cournot Oligopoly with Information Sharing[J]. Rand Journal of Economics，1985，16 (4)：521-536.

[11] Li L. Information Sharing in a Supply Chain with Horizontal Competition[J]. Management Science，2002，48 (9)：1196-1212.

[12] Kong G，Rajagopalan S，Zhang H. Revenue Sharing and Information Leakage in a Supply Chain[J]. Social Science Electronic Publishing，2013，59 (3)：556-572.

[13] Babich V，Li H，Ritchken P，etal. Contracting with Asymmetric Demand Information in Supply Chains[J]. European Journal of Operational Research，2012，217(2)：333-341.

[14] Wang X H，Guo H M，Wang X Yu' etal. Profit Allocation Mechanism of Supply Chain with Bilateral Asymmetric Costs Information [C]. The 8th International Con-

ference on Management Science and Engineering Management, Lisbon, Portugal, 2014, 280:633-644.

[15] Zelbst P J, Baker G, Sower V E,etal. RFID Utilization and Information Sharing the Impact on Supply Chain Performance[J]. The Journal of Business Industrial Marketing,2010,2(8):582－589.

[16] Shang W, Ha A Y,Tong S. Information Sharing in a Supply Chain with a Common Retailer[J]. Management Science Journal of the Institute for Operations Research & the Management Sciences,2016,62 (1): 245-263.

[17] Houghtalen L, ErgunÖ, Sokol J. Designing Allocation Mechanisms for Carrier Alliances[J]. Transportation Science, 2011,45(4):465-482.

[18] Huang M P, Wang X Y. Double Incentives and Profit Allocation of Supply Chain Based on Virtual-third Party[J]. Computer Integrated Manufacturing Systems, 2006,17(11):2467-2474.

[19] Wang X H, Guo H M, Wang X Yu,Zhong J. Profit Allocation Mechanism of Supply Chain with Bilateral Asymmetric Costs Information [C]. The 8th International Conference on Management Science and Engineering Management, Lisbon, Portugal, 2014, 280:633-644.

[20] Krajewska M, Kopfer H, Laporte G. , Ropke S, Zaccour G. Horizontal Cooperation of Freight Carriers: Request Allocation and Profit Sharing [J]. Journal of the Operational Research Society, 2008,59(11):1483-1491.

[21] Liu X L, Guo C X. Study on Profit Allocation in a Collaborative Third-party Logistics Service Supply Chain[J]. WIT Transactions on Information and Communication Technologies,2013,(4):2047-2052.

[22] Ma S, Wang P. The Supply Chain Partners Income Distribution Mechanism Basing on Shapley Value [J]. Industrial Engineering and Management, 2006(4):43-45.

[23] Li G X, Li F, Sun W W. Profit Allocation of Multi-Suppliers Supply Chain Based on Shapley Value[C]. 2013 6th International Conference on Information Management, Innovation Management and Industrial Engineering, ICIII 2013,3: 165-170.

[24] Bartholdi J J, Kemahllo ǧlu-Ziya E, Geunes J, Pardalos P. Using Shapley Value to Allocate Savings in a Supply Chain[M]. Supply Chain Optimization , Springer US,2005.

[25] 刘伟华．物流服务供应链能力合作的协调研究[D]．上海:上海交通大学，2007.

[26] Reeher D H. Air freight has problems on the ground[J]. Business Horizons,1968, 11(1):33-38.

[27] Kasarda J D. The Rise of the Aerotropolis[J]. Tansportation Issue 4 Sping,2006,30 (2):12-13

[28] Lozano A,Storehi G. Shortest viable path algorithm in multimodal networks [J]. Transportation Research Part A,2001,35(3):225-241.

[29] Gräbener T ,Berro A, Duthen Y. Time dependent multiobjective best path for mul-

timodal urban routing[J]. Electronic Notes in Discrete Mathematics, 2010, 36: 87-494.

[30] Ziliaskopoulos A, Wardell W. An intermodal optimum path algorithm for multimodal networks with dynamic arc travel times and switching delays [J]. European Journal of Operational Research,2000,125(3):486-502.

[31] 刘杰,何世伟,宋瑞等．基于运输方式备选集的多式联运动态路径优化研究[J]. 铁道学报,2011,33(10):1-6.

[32] Hao C,Yue Y. Optimization on Combination of Transport Routes and Modes on Dynamic Programming for a Container Multimodal Transport System[J]. Procedia Engineering,2016,137:382-390.

[33] 彭睿．集装箱铁水联运协调衔接问题研究[D]. 成都:西南交通大学,2015.

[34] Cho J H,Kim H S,Choi H R. An intermodal transport network planning algorithm using dynamic programming—A case study:from Busan to Rotterdam in intermodal freight routing [J]. Applied Intelligence,2012,36(3):529-541.

[35] Lizbetin J,Caha Z. The Optimization of the Intermodal Terminals [J]. Nase More, 2015,62(3):97-100.

[36] Macharis C,Bontekoning Y M. Opportunities for or in Intermodal Freight Transport Research: A review [J]. European Journal of Operational Research, 2004,153 (2): 400-416.

[37] McKinnon A C, Woodburn A. Logistical Restructuring and Road Freight Traffic Growth: An Empirical Assessment [J]. Transportation, 1996,23,(2):141-161.

[38] Bauer J,Bektas T,Craine T G. Minimizing Greenhouse Gas Emissions in Intermodal Freight Transport: An Application to Rail Service Design [J]. Journal of the Opertional Research Society, 2010,61 (3):530-542.

[39] Janic M. Assessing some social and environmental effects of transforming an airport into a real multimodal transport node [J]. Transportation Research Part D: Transport and Environment, 2011,16(2):137-149.

[40] Goel A. The value of in-transit visibility for supply chains with multiple modes of transport [J]. International Journal of Logistics: Research and Application,2010, 13 (6): 475-492.

[41] 姜大立,王丰,王洪．西部物流资源的优化配置研究[J]. 物流技术,2003(7):13-15.

[42] 李志军．中国农村基础设施配置调控研究[D]. 长春:东北师范大学, 2011.

[43] 唐晓旺．中原经济区综合交通运输体系建设探析[J]. 管理学刊, 2013,26(3): 36-40.

[44] 梁广华．中原经济区物流业发展区域差异研究[J]. 科技管理研究, 2014,34(5): 74-77.

[45] 鲜晓花,李维臻．我国交通运输资源利用现状的统计分析[J]. 交通财会,2012(8): 6-11.

[46] 周杨．郑州航空港经济实验区航空物流发展对策[J]. 物流工程与管理,2014,36

(5):23-25.
[47] 贺卫华．发展国际航空物流推进郑州航空港经济综合实验区建设[J]. 黄河科技大学学报,2014,16(3):35-38.
[48] 田振中．郑州航空港航空物流发展现状与经验借鉴[J]. 对外经贸实务,2014,10(25):88-90.
[49] 赵旺．郑州航空港信息服务可视化研究[J]. 创新科技,2015(10):85-88.
[50] 司海涛．郑州航空港区发展国际航空物流问题研究[J]. 新经济,2016(Z2):35.
[51] 苏玉峰．河南省航空物流业发展策略研究——以郑州机场为例[J]. 价格月刊,2016(3):50-54.
[52] 杜瑾珺．基于机场的航空物流综合信息平台研究[J]. 物流工程与管理,2014,5(36):103-104.
[53] 陈丙成．航空货运服务链中的信息流优化建议[J]. 空运商务,2015(7):25－26＋34.
[54] 杨南熙,陈思茹,刘德智．可持续视角的区域物流公共信息平台运营模式[J]. 长安大学学报(自然科学版),2015(4):119-124.
[55] 石学刚,尹纯建．基于服务供应链的第四方航空物流信息平台建设研究[J]. 综合运输,2016,38(3):118-125.
[56] 聂佳佳．预测信息分享对制造商开通直销渠道的影响[J]. 管理工程学报,2012,26(2) :106-112.
[57] 王文宾,赵学娟,张鹏等．双重信息不对称下闭环供应链的激励机制研究[J]. 中国管理科学,2016,24(10) :69-77.
[58] 郎艳怀．非对称信息和弹性需求下的供应链激励机制研究[J]. 中国管理科学,2012,20(5):106-111.
[59] 吴浩．基于信息共享信任机制的班轮运输舱位分配策略研究[D]. 上海:上海交通大学,2013.
[60] 肖美丹,陈铭洋,沙德春,等．考虑额外服务和渠道地位的供应链信息共享均衡策略[J]. 软科学,2016(9):99-103.
[61] 但斌,丁松,伏红勇．信息不对称下销地批发市场的生鲜供应链协调[J]. 管理科学学报,2013,16(10) :40-50.
[62] 李波,孙鹏,李庆华．双渠道供应链中信息共享价值研究[J]. 系统工程学报,2015,30(4) :530-538.
[63] 林略,杨书萍,但斌．收益共享契约下鲜活农产品三级供应链协调[J]. 系统工程学报,2010,25(4):484-491.
[64] 林强,叶飞,陈晓明．随机弹性需求条件下基于 CVaR 与收益共享契约的供应链决策模型[J]. 系统工程理论与实践,2011,31(12) :2296-2307.
[65] 庞庆华,蒋晖,侯岳铭等．需求受努力因素影响的供应链收益共享契约模型[J]. 系统管理学报,2013,22(3) :371-378.
[66] 楼高翔,张洁琼,范体军,等．非对称信息下供应链减排投资策略及激励机制[J]. 管理科学学报,2016,19(2) :42-52.

[67] 杨磊,郑晨诗,纪静娜．碳信息不对称下的供应链谎报决策与协调研究[J]. 中国管理科学,2016(4):111-120.
[68] 蒋梦莉,姚树俊．供应链管理中信息共享机制研究[J]. 生态经济,2011(4):112-115.
[69] 刘晔明,尹芳芳,傅贤治．食品产业绿色供应链管理运营中的信息共享机制分析[J]. 安徽农业科学,2011,39(14):8805-8808.
[70] 卢亚丽．信息共享与共同决策协调策略比较分析[J]. 科研管理,2012,33(2):139-146.
[71] 吴浩．基于信息共享信任机制的班轮运输舱位分配策略研究[D]. 上海:上海交通大学,2013.
[72] 鲍婷婷,周志国．浙江省国家交通运输物流公共信息共享平台共建共享长效机制研究[J]. 赤峰学院学报(自然科学版),2013,29(7):130-132.
[73] 刘翠翠,吴霞．区域物流公共信息平台的共享与共建[J]. 物流工程与管理,2014,36(11):72-74.
[74] 张晓凤．基于三级供应链利润共享契约的在线旅游服务供应链协调机制研究[D]. 厦门:厦门大学,2014.
[75] 甘家华．中小物流企业联盟网络协同机制研究[D]. 西安:长安大学,2015.
[76] Ding H P．Guo B C．Liu Z S. Information Sharing and Profit Allotment Based on Supply Chain Cooperation[J]. International Journal of Production Economics,2011,133(1):70-79.
[77] 肖群,马士华．信息不对称对闭环供应链 MTO 和 MTS 模式的影响研究[J]. 中国管理科学,2016,24(5):139-148.
[78] 陈洪转,方志耕,刘思峰,何利芳．复杂产品主制造商-供应商协同合作最优成本分担激励研究[J]. 中国管理科学,2014, 22(9):98-105.
[79] 张晓凤．基于三级供应链利润共享契约的在线旅游服务供应链协调机制研究[D]. 厦门:厦门大学,2014.
[80] 时茜茜,朱建波,盛昭瀚．重大工程供应链协同合作利益分配研究[J]. 中国管理科学,2017,25(05):42-51.
[81] 胡辉,顾丽琴,查伟雄．不确定环境下基于 ELECTRE 的多式联运路径选择评价方法[J]. 北京交通大学学报(社会科学版),2017,16(4):88-97.
[82] 彭睿．集装箱铁水联运协调衔接问题研究[D]. 成都:西南交通大学,2015.
[83] 陈军,邵凤茹,李小燕．机场多式联运之国际经验[J]. 中国民用航空,2013,15(3):40-41.
[84] 郭军峰．郑州航空港经济综合试验区多式联运发展思路研究[J]. 商业经济,2015,2(4):67-69.
[85] 周勇,谢小松,孙欢欢．集装箱多式联运发展对策研究[J]. 铁道货运,2012,1(3):23-26.
[86] 张瑞华．郑州航空港区国际货物多式联运的研究[J]. 科技经济市场,2015,12(1):182-183.

[87] 张煜,吴露,田维．动态最小费用流启发式算法求解多式联运问题[J]. 武汉理工大学学报,2016,38(2):103-110.

[88] 谢雪梅,杨家其．带时间窗的整车多式联运路径优化模型研究[J]. 武汉理工大学学报(交通科学与工程版),2017,41(6):1061-1065.

[89] 丁晓萍,建伟．基于能源消耗的综合运输结构优化 [J]. 长安大学学报(社会科学版), 2011,13(2):40-44.

[90] 刘杰,何世伟．基于运输方式备选集的多式联运动态路径优化研究[J]. 铁道学报,2011,33(10):1-6.

[91] 吕凯．面向多式联运的运输优化研究 [D]. 北京:北京交通大学,2008.

[92] 朱培培,徐旭．基于循环经济的低碳物流发展模式研究[J]. 生产力研究,2011(2):13-14.

[93] 黄霏茜．基于低碳运输的大连港集装箱海铁联运效益分析[D]. 大连:大连海事大学,2012.

[94] 来逢波,任建兰．中国低碳交通运输体系构建的必要性及治理模式探讨[J]. 华东经济管理,2012,26(4):63-66.

[95] 陈帅,孙有望．大都市市域通勤轨道交通网规划方案评价[J]. 同济大学学报(自然科学版),2008,36(3):344-349.

[96] 李婧,谭清美,白俊红,岳良运．中国区域创新效率的随机前沿模型分析[J]. 系统工程,2009,27(8):44-50.

[97] 郭凌志,王国金．基于低碳理念的综合交通体系规划分析[J]. 交通科技与经济,2011,13(4):99-102.

[98] 杜瑾譽．基于机场的航空物流综合信息平台研究[J]. 物流工程与管理,2014(5):103-104.

[99] 魏然．航空物流服务链的特征及现状[J]. 物流技术,2008,27(1):23-24.

[100] 罗茜．基于价值网推进第四方航空物流服务链构建[J]. 物流技术,2014(7):13-15.

[101] 郁苏炜．浅谈陕西航空物流综合信息平台建设[J]. 物流工程与管理,2014(02):61-62.

[102] 朱杰,李俊涛,张方风．物流公共信息平台建设与运营模式[M]. 北京:机械工业出版社,2014:15.

[103] 卢云帆．物流园区信息平台建设研究[D]. 武汉:武汉理工大学,2006.

[104] Bontekoning YM, Macharis C, Trip JJ. Is a new applied transportation research field emerging? —Areview of intermodal rail-truck Freight transport literature. [J] Transportation Research PartA, 2004, 381(2): 1-4.

[105] Rondinelli D, Berry M. Multimodal transportation, logistics, and the Environme-nt : managing interactions in a global economy[J]. European Management Journal, 2000, 18(4): 398-400.

[106] 方曾利,任俊学,李县伟．郑州航空港经济综合实验区多式联运问题研究[J]. 公路与汽运,2015,3(1):81-84.

[107] 王其藩．系统动力学[M]．北京：清华大学出版社，1988.
[108] 赵黎明，李振华．城市建设系统的动力学模型研究[J]．中国软科学，2005(11)：147-151.
[109] Forrester J W. The beginning of system dynamics[J]. Mc Kinsey Quarterly，1995：4-17.
[110] Forrester J W. Industrial dynamics[J]. Journal of the Operational Research Society，1997，48(10)：1037-1041.
[111] 焦宝聪，陈兰平，方海光．博弈论——思想方法及应用[M]．北京：中国人民大学出版社，2013：78.
[112] 孙琪．基于熵值法和TOPSIS法的浙江省产业技术创新生态系统评价[J]．商业经济研究，2016(7)：212-215.
[113] 余振养．服装全产业链利益分配问题的Shapley值法分析[J]．商，2015(46)：276-277.
[114] 付允，马永欢，刘怡君，等．低碳经济的发展模式研究[J]．中国人口、资源与环境，2008，18(3)：14-19.
[115] 焦宝聪，陈兰平，方海光．博弈论——思想方法及应用[M]．北京：中国人民大学出版社，2013：109-110.
[116] 牛文举．旅游服务供应链中的激励机制设计研究[D]．株洲：湖南工业大学，2013.
[117] 红脸书生．动态规划算法[EB]．2010. http://www.cnblogs.com/steven_oyj/archive /2010-/05/.
[118] 张岩波．项目经理管理工具箱[M]．北京：中国纺织出版社，2007.
[119] 仝新顺，郑秀峰．郑州航空港经济综合实验区临空经济发展研究 [J]．区域经济评论，2013(1)：120-124.
[120] 赵晶．孟菲斯机场发展货物运输对西安机场的启示[J]．空运商务，2009(4)，239.
[121]谈琰．国外空港经济发展对郑州航空港经济综合实验区的启示与借鉴[J]．黄河科技大学学报，2013-09-15(5).
[122] 连炜．从日本东京羽田机场运行机制看机场社会效益与经济效益的均衡发展[J]．空运商务，2010(22)：15-20.
[123] 张学志，陈功玉．亚洲机场物流运作模式分析及启示[J]．物流科技，2005(5)：1-3.
[124] 黄文乐．白云机场航空物流发展战略研究 [D]．广州：广东工业大学文，2012.
[125] 徐平，王雅琼，樊重俊，等．上海自贸区对浦东机场可持续发展的影响分析[J]．国际商贸，2014(6)：165-167.
[126] 曾小舟．广州白云机场物流园区发展战略分析[J]．经济物流，2007(6)：49-52.
[127] 付喜梅．香港机场航空货运发展分析[J]．空运商务，2013(9)：42-56.
[128] 刘江浩．郑州机场旅客吞吐量猛增8个月突破1000万人次[N]．大河报，2014-08-28.
[129] 郑州航空港经济综合实验区官网[EB/OL]．http://www.zzhkgq.gov.cn/general.jhtml? ＃l_7，2018-03-05.

[130] 屈平．我国航空物流的发展现状和促进措施[J]. 空运商务．2006(5):23-25.
[131] 夏洪山．现代航空运输管理[M]. 北京:科学出版社,2012:78-79.
[132] 田添．基于价值链的我国航空物流运作模式研究[D]. 北京:北京交通大学文,2010.
[133] 鱼海洋,胡华清,肖练军．香港航空货运市场特点与发展预测[J]. 空运商务,2011,123:32-34.
[134] 周扬．郑州航空港经济实验区航空物流发展对策[J]. 物流工程与管理,2014(5):23-25.
[135] 连炜．东京羽田机场与国内机场商业运行机制的对比分析[J]. 中国民用航空,2011(5):18-22.
[136] 沈露莹．世界空港经济发展模式研究[J]. 世界地理研究,2008(3):19-25.
[137] 鞠红．郑州航空港经济综合实验区航空物流服务链整合研究[J]. 物流工程与管理,2013,35(2):8-10.
[138] 吴春耕．推进多式联运发展有关情况[EB/OL]. 2017 年交通运输部第十一次例行新闻发布会．http://www. mot. gov. cn/2017wangshangzhibo/2017eleven/zhibozhaiyao/201711/t20171123_2940258. html,2017-11-23.
[139] 汪鸣．我国多式联运现状与发展趋势[J]. 中国物流与采购,2016(23):92-94.
[140] 国家发展和改革委,交通运输部,中国铁路总公司．"十三五"铁路集装箱多式联运发展规划,2017.
[141] 八卦来网．公司简介[EB/OL]. http://www. 8glw. com/.
[142] 康信茂,陈文龙．浙江:承建国家交通运输物流公共信息共享平台[EB/OL]. 2011. 中国公路网 http://www. chinahighway. com/news/2011/620454. php.